工会会计制度

中华人民共和国财政部制定

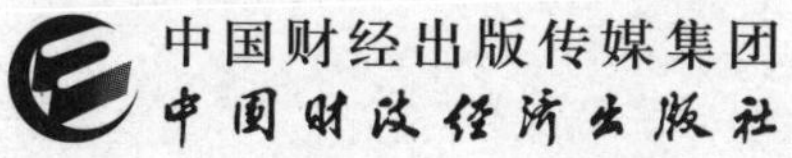

图书在版编目（CIP）数据

工会会计制度／中华人民共和国财政部制定．—北京：中国财政经济出版社，2009.6

ISBN 978-7-5095-1389-7

Ⅰ．工… Ⅱ．中… Ⅲ．工会-会计制度-中国 Ⅳ．D412.67

中国版本图书馆 CIP 数据核字（2009）第 094779 号

责任编辑：贾延平 耿 伟　　责任校对：张 凡

封面设计：郁 佳　　版式设计：兰 波

中国财政经济出版社出版

URL：http：//www.cfeph.cn

E-mail：cfeph@cfeph.cn

社址：北京市海淀区阜成路甲 28 号 邮政编码：100142

发行处电话：88191537 财经书店电话：64033436

北京富生印刷厂印刷 各地新华书店经销

787×960 毫米 16 开 4.75 印张 80 000 字

2009 年 6 月第 1 版 2019 年 7 月北京第 30 次印刷

定价：18.00 元

ISBN 978-7-5095-1389-7/F・1184

（图书出现印装问题，本社负责调换）

本社质量投诉电话：010-88190744

打击盗版举报热线：010-88191661 QQ：2242791300

财政部文件

财会［2009］7号

财政部关于印发《工会会计制度》、《工会新旧会计制度有关衔接问题的处理规定》的通知

中华全国总工会，各省、自治区、直辖市、计划单列市财政厅（局），新疆生产建设兵团财务局：

为了适应工会经费拨缴方式、业务活动内容等方面的变化，进一步规范工会的会计核算，提高会计信息质量，根据《中华人民共和国会计法》、《中华人民共和国工会法》等国家有关法律、行政法规，我部对中华全国总工会1998年颁布的《工会会计制度》进行了全面修订，制定了新版《工会会计制度》，并相应制定了《工会新旧会计制度有关衔接问题的处理规定》，现印发给你们，于2010年1月1日起执行。执行中有何问题，请及时反馈我部。

附件：1. 工会会计制度

2. 工会新旧会计制度有关衔接问题的处理规定

二〇〇九年五月三十一日

目　　录

工 会 会 计 制 度

第一章 总 则

第一条 为了规范工会会计行为，保证会计信息质量，根据《中华人民共和国会计法》、《中华人民共和国工会法》等有关规定，制定本制度。

第二条 本制度适用于各级工会组织。

第三条 工会会计是各级工会核算、反映、监督工会预算执行和经济活动的专业会计。工会依法建立独立的会计核算管理体系，与工会预算管理体制相适应。

第四条 县级以上（含县级，下同）工会应当设置会计机构，配备专职会计人员。县级以下工会应当根据会计业务的需要设置会计机构或者在有关机构中设置专职会计人员；不具备设置条件的基层工会，应当委托经批准设立从事会计代理记账业务的中介机构代理记账或者聘请兼职会计。

第五条 各级工会应当建立健全内部控制体系，完善岗位责任制度和内部稽核制度。县级以上工会应当组织指导和检查下级工会会计工作，负责制定有关实施细则或补充规定；组织工会会计人员培训，不断提高政策、业务水平。

第六条 工会应当对其自身发生的经济业务进行会计处理和报告。

第七条 工会会计应当以工会的持续运行为前提。

第八条 工会应当划分会计期间，分期结算账目和编制会计报表。会计期间分为年度和中期，中期是指短于一个完整的会计年度的报告期间（如半年度、季度和月度）。

第九条 工会会计应当以货币计量，以人民币作为记账本位币。

第十条 工会会计以收付实现制为基础，以权责发生制为补充。

第十一条 工会会计要素包括：资产、负债、净资产、收入和支出。其平衡公式为：资产 = 负债 + 净资产。

第十二条 会计应当采用借贷记账法记账。

第十三条 会计记录的文字应当使用中文。在民族自治地方，会计记录可以同时使用当地通用的一种民族文字。

第二章 一般原则

第十四条 工会提供的会计信息应当符合工会宏观管理的要求，满足会计信息使用者的需要，满足本级工会加强财务管理的需要。

第十五条 工会会计应当以实际发生的经济业务为依据，如实反映工会财务状况、各项收支情况及结果，保证会计信息真实可靠、内容完整。

第十六条 工会提供的会计信息应当清晰明了，便于理解和使用。

第十七条 工会会计应当按照规定的会计处理方法进行，前后各期一致，不得随意变更，以确保会计信息口径一致，相互可比。

第十八条 工会会计应当遵循重要性原则。对于重要的经济业务，应当单独反映。

第十九条 工会应当及时进行会计处理和报告，不得提前或延后。

第二十条 资产在取得时应当按照实际成本计量。除另有规定外，一律不得自行调整账面价值。

第二十一条 凡是指定用途的资金，应按规定的用途专款专用，并单独反映。

第三章 资　产

第二十二条 资产是工会拥有或控制的能以货币计量的经济资源。包括流动资产、投资和固定资产等。

第二十三条 流动资产是指预计在一年内（含一年）变现或者耗用的资产。主要包括货币资金、借出款、应收款项、库存物品等。

（一）货币资金包括库存现金、银行存款等。

货币资金应当按照实际发生额入账。工会应当设置库存现金和银行存款日记账，按照业务发生顺序逐日逐笔登记。库存现金的核算应当做到日清月结，其账面余额必须与库存数相符；银行存款的账面余额应当与银行对账单定期核对，如有不符，应编制银行存款余额调节表调节相符。

工会发生外币业务时，应当将有关外币金额折算成人民币金额记账。

（二）借出款是工会因开展工作或发展工运事业的需要而出借给其他工会或工会所属单位的款项。

工会应当对借出款严格管理，借出每笔款项时均需与借款单位签订书面文件，署明用途和还款期限，还款期限通常不应超过三年；对于逾期未还款的借出款，需在年度会计报表附注中说明原因。逾期三年以上、因借款单位原因尚未收回的借出款，报经批准认定确实无法收回或者报经批准认定不再要求借款单位还款的，应及时予以核销。

（三）应收款项包括应收上级经费、应收下级经费、其他应收款等。

应收上级经费是工会应收未收的上级工会应拨付（或划转）工会经费和补助。应收下级经费是本级工会应收下级工会的上缴经费。其他应收款是工会除应收上下级经费以外的其他应收及暂付款项。

应收款项应当按照实际发生额入账。期末，工会应当分析各项应收款项的可收回性，对于确实不能收回的应收款项应报经批准认定后及时予以核销。

（四）库存物品指工会取得的将在日常活动中耗用的材料、物品及达不到固定资产标准的工具、器具等。

库存物品在取得时应当按照其实际成本入账。购入、有偿调入的库存物品以实际支付的价款记账。无偿调拨、接受捐赠的库存物品以其公允价值或者有关凭据注明的金额（加上相关费用）记账。

库存物品在发出（领用或出售等）时，应当根据实际情况在先进先出法、加权平均法、个别计价法中选择一种方法确定发出库存物品的实际成本，一经选定，不得随意变更。

工会应当定期对库存物品进行清查盘点，每年至少全面盘点一次。对于盘盈、盘亏或报废、毁损的库存物品，应当及时查明原因，报经批准认定后及时进行处理。盘盈的库存物品按照其公允价值入账，并计入当期收入；盘亏的库存物品，将其账面余额计入当期支出。报废、毁损的库存物品，先扣除残料价值、可以收回的保险赔偿和责任人赔偿等，将净损失计入当期支出。

第二十四条 投资是指工会按照国家有关法律、行政法规和工会的相关规定，以货币资金、实物资产等方式向其他单位的投资。投资按其流动性分为短期投资和长期投资；按其性质分为股权投资、债权投资等。

（一）投资在取得时应当按照其实际成本入账。以货币资金方式对外投资，以实际支付的款项记账。以实物资产方式对外投资，以评估确认或合同、协议确定的价值记账。

（二）投资期内取得的利息、利润、红利等各项投资收益，应当计入当期收入。

（三）处置（出售）投资时，实际取得价款与投资账面余额的差额，应当计入当期投资收益。

对于因被投资单位破产、被撤销、注销、吊销营业执照或者被政府责令关闭等情况造成难以收回的未处置不良投资，报经批准认定后应当及时核销。

第二十五条 固定资产是指工会使用年限在一年以上，单位价值在规定标准以上，并在使用过程中基本保持原来物质形态的资产。包括房屋及建筑物、专用设备、一般设备、文物和陈列品、图书、其他固定资产。

（一）一般设备单位价值在500元以上，专用设备单位价值在800元以上，为固定资产。单位价值虽未达到规定标准，但是使用时间在一年以上的大批同类物资，按固定资产管理。

（二）固定资产在取得时应当按照其实际成本入账。

购入、有偿调入的固定资产，以实际支付的买价、运输费、保险费、安装费、装卸费及相关税费等记账。

自行建造的固定资产，以建造过程中实际发生的全部必要支出记账。

无偿调入、接受捐赠的固定资产，以其公允价值或者有关凭据注明的金额（加上相关费用）记账。

对固定资产进行改建、扩建，其净增值部分，应当计入固定资产价值。固定资产修理费用直接计入当期支出。

（三）处置（出售）固定资产时，冲减其账面余额并相应减少固定基金，处置中取得的变价收入扣除处置费用后的净收入（或损失）计入当期收入（或支出）。

（四）工会应当定期对固定资产进行清查盘点，每年至少全面盘点一次。对于盘盈、盘亏或报废、毁损的固定资产，应当及时查明原因，报经批准认定后及时进行处理。盘盈的固定资产按照其公允价值入账，并相应增加固定基金；盘亏的固定资产，冲减其账面余额并相应减少固定基金。报废、毁损的固定资产，冲减其账面余额并相应减少固定基金，清理中取得的变价收入扣除清理费用后的净收入（或损失）计入当期收入（或支出）。

第四章 负 债

第二十六条 负债是指工会承担的能以货币计量，需以资产偿付的债务。包括借入款、应付个人收入、应付款项等。

第二十七条 借入款指工会借入的款项。

第二十八条 应付个人收入包括应付工资（离退休费）、应付地方（部门）津贴补贴、应付其他个人收入。

（一）应付工资（离退休费）指应付未付给本单位职工的工资及离退休费。其中，工资指按国家统一规定发放给在职人员的职务工资、级别工资、年终一次性奖金以及经国务院或人事部、财政部批准设立的津贴补贴等。离退休费指按国家统一规定发放给离退休人员的离休、退休费及经国务院或人事部、财政部批准设立的津贴补贴。

（二）应付地方（部门）津贴补贴指应付未付给本单位职工的地方（部门）津贴补贴。其中，地方（部门）津贴补贴指各地区各部门各单位出台的津贴补贴。

（三）应付其他个人收入指应付未付给本单位职工的其他个人收入。其中，其他个人收入指按国家规定发给个人除上述以外的其他收入，包括误餐费、夜餐费，出差人员伙食补助费、市内交通费，出国人员伙食费、公杂费、个人国外零用费，发放给个人的一次性奖励等。

第二十九条 应付款项包括应付上级经费、应付下级经费、其他应付款。

（一）应付上级经费指本级工会按规定应上缴的工会经费及建会筹备金。

（二）应付下级经费指本级工会应付下级工会的各项补助以及应转拨下级工会的工会经费和建会筹备金。

（三）其他应付款指除应付上下级经费之外的其他应付及暂存款项。

第三十条 各项负债应当按照实际发生额入账。

第五章 净 资 产

第三十一条 净资产是指工会的资产减去负债后的余额。包括固定基金、在建工程占用资金、投资基金、专用基金、后备金、结余。

第三十二条 固定基金指工会固定资产占用的基金。固定基金应当按照实际发生额入账。

在建工程占用资金指工会在建工程完工前累计占用的资金。在建工程占用资金应当按照实际发生额记账，待工程完工后转入固定基金。

第三十三条 投资基金指工会对外投资占用的基金。投资基金应当按照实际发生数额入账。

第三十四条 专用基金指工会按规定依法提取和使用的有专门用途的基金。包括增收留成基金、财务专用基金、工会干部权益保障金。

提取专用基金时，按照实际提取金额计入当期支出；使用专用基金时，按照实际支出金额冲减专用基金余额；专用基金未使用的余额，可滚存下一年度使用。

第三十五条 后备金指县级以上工会按规定依法提取的特殊情况下使用的储备金。

提取后备金时，按照实际提取金额冲减结余；使用后备金时，按照实际支出金额冲减后备金余额；后备金未使用的余额，可滚存下一年度使用。

第三十六条 结余指工会各项收入与支出相抵后滚存的累计余额。

第六章 收　　入

第三十七条 收入是指工会根据《工会法》以及有关政策规定开展业务活动所取得的非偿还性资金。收入按照来源分为会费收入、拨缴经费收入、上级补助收入、政府补助收入、行政补助收入、事业收入、投资收益、其他收入。

（一）会费收入指工会会员依照规定向工会组织缴纳的会费。

（二）拨缴经费收入指基层单位行政拨缴、下级工会按规定上缴及上级工会按规定转拨的工会经费中归属于本级工会的经费及建会筹备金。

（三）上级补助收入指本级工会收到的上级工会补助的款项。包括回拨补助、专项补助、超收补助、帮扶补助、送温暖补助、救灾补助、其他补助。

（四）政府补助收入指各级人民政府按照《工会法》和国家的有关规定给予工会的补助款项。

（五）行政补助收入指工会取得的所在单位行政方面按照《工会法》和国家的有关规定给予工会的补助款项。

（六）事业收入指独立核算的工会附属事业单位上缴的收入和非独立核算的附属事业单位的各项事业收入。

（七）投资收益指工会对外投资发生的损益。

（八）其他收入指工会除会费收入、拨缴经费收入、上级补助收入、政府补助收入、行政补助收入、事业收入、投资收益之外的各项收入。

第三十八条 各项收入应当按照实际发生额入账。

第七章 支 出

第三十九条 支出是指工会为开展各项工作和活动所发生的各项资金耗费及损失。支出按照功能分为职工活动支出、维权支出、业务支出、行政支出、资本性支出、补助下级支出、事业支出、其他支出。

（一）职工活动支出指工会为会员及其他职工开展教育、文体、宣传等活动发生的支出。

（二）维权支出指工会直接用于维护职工权益的支出。

（三）业务支出指工会培训工会干部、加强自身建设及开展业务工作发生的各项支出。

（四）行政支出指工会为行政管理、后勤保障等发生的各项日常支出。

（五）资本性支出指工会从事建设工程、设备工具购置、大型修缮和信息网络购建而发生的实际支出。

（六）补助下级支出指工会为解决下级工会经费不足或根据有关规定给予下级工会的各类补助款项。

（七）事业支出指工会对独立核算的附属事业单位的补助和非独立核算的附属事业单位的各项支出。

（八）其他支出指各级工会除职工活动支出、维权支出、业务支出、行政支出、资本性支出、补助下级支出、事业支出以外的各项支出。

第四十条 各项支出应当按照实际发生额入账。

第八章 会计报表

第四十一条 工会会计报表是反映各级工会财务状况、业务活动和预算执行结果的书面文件。工会会计报表是各级工会领导、上级工会及其他会计报表使用者了解情况，掌握政策，指导工作的重要资料。

第四十二条 工会会计报表主要包括资产负债表、收入支出表和附注。

（一）资产负债表，是反映工会某一会计期末全部资产、负债和净资产情况的报表。

（二）收入支出表，是反映工会某一会计期间全部收入、支出及结余情况的报表。

（三）附注。附注应分析说明工会预算执行情况以及工会在筹集、分配、使用、管理经费过程中的成绩和问题，分析影响预算执行的原因，经费收支变动趋势，提出改进措施、意见和建议。

第四十三条 工会会计报表分为年度会计报表和中期会计报表。以短于一个完整的会计年度的期间（如半年度、季度和月度）编制的会计报表称为中期会计报表。年度会计报表是以整个会计年度为基础编制的会计报表。

第四十四条 工会要负责对所属单位会计报表和下级工会报送的年报进行审核、核批和汇总工作，定期向本级工会领导和上级工会报告本级工会预算执行情况。

第四十五条 会计报表要根据登记完整、核对无误的账簿记录和其他有关资料编制，做到数字准确、内容完整、报送及时。会计报表必须经会计主管人员和单位负责人审阅签章并加盖审查公章后上报。

第九章　附　　则

第四十六条 工会填制会计凭证、登记会计账簿、管理会计档案等，应当按照《会计基础工作规范》、《会计档案管理办法》等规定执行。

第四十七条 本制度从 2010 年 1 月 1 日起实施。

工会会计制度
——会计科目和会计报表

第一部分 总 说 明

一、本制度统一规定工会会计科目的名称和编号，以便于编制会计凭证，登记账簿，查阅账目，实行会计电算化。本制度已规定的一级科目和明细科目，不得减并、自行增设，不得擅自更改科目名称，不需要的科目可以不用。

二、各省级工会可以根据需要自行增设未规定的明细科目，或将相应权限授权给所属下级工会。

三、工会在填制会计凭证、登记会计账簿时，应当填列会计科目的名称，或者同时填列会计科目的名称或编号，不得只填列科目编号，不填列科目名称。

四、工会应当根据本制度有关会计报表的编制基础、编制依据、编制原则和方法的要求，提供真实、完整的会计报表。工会不得违反规定，随意改变会计报表的编制基础、编制依据、编制原则和方法，不得随意改变本制度规定的会计报表有关数据的会计口径。

第二部分　会计科目名称和编号

序号	科目编码		名　称
	一级科目	明细科目	
一、资产类			
1	101		库存现金
2	102		银行存款
3	111		零余额账户用款额度
4	112		财政应返还额度
		11201	财政直接支付
		11202	财政授权支付
5	121		借出款
6	131		应收上级经费
		13101	应收上级补助
		13102	应收上级转拨经费
		13103	应收建会筹备金
7	132		应收下级经费
8	135		其他应收款
9	141		库存物品
10	151		投资
11	161		在建工程
12	162		固定资产
二、负债类			
13	201		应付工资（离退休费）
14	202		应付地方（部门）津贴补贴
15	203		应付其他个人收入
16	211		借入款
17	221		应付上级经费
18	222		应付下级经费
		22201	应付下级补助
		22202	应付下级转拨经费
		22203	应付建会筹备金
19	225		其他应付款
20	231		代管经费

续表 1

序号	科目编码		名称
	一级科目	明细科目	
三、净资产类			
21	301		固定基金
22	302		在建工程占用资金
23	311		投资基金
24	321		专用基金
		32101	增收留成基金
		32102	财务专用基金
		32103	权益保障金
25	322		后备金
26	331		结余
四、收入类			
27	401		会费收入
28	402		拨缴经费收入
29	403		上级补助收入
		40301	回拨补助
		40302	专项补助
		40303	超收补助
		40304	帮扶补助
		40305	送温暖补助
		40306	救灾补助
		40307	其他补助
30	404		政府补助收入
31	405		行政补助收入
32	406		事业收入
33	407		投资收益
34	408		其他收入
五、支出类			
35	501		职工活动支出
		50101	职工教育费
		50102	文体活动费
		50103	宣传活动费
		50104	其他活动支出

续表 2

序号	科目编码		名　称
	一级科目	明细科目	
36	502		维权支出
		50201	劳动关系协调费
		50202	劳动保护费
		50203	法律援助费
		50204	困难职工帮扶费
		50205	送温暖费
		50206	其他维权支出
37	503		业务支出
		50301	培训费
		50302	会议费
		50303	外事费
		50304	专项业务费
		50305	其他业务支出
38	504		行政支出
		50401	工资福利支出
		50402	商品和服务支出
		50403	对个人和家庭的补助
		50404	其他行政支出
39	505		资本性支出
		50501	房屋建筑物购建
		50502	办公设备购置
		50503	专用设备购置
		50504	交通工具购置
		50505	大型修缮
		50506	信息网络购建
		50507	其他资本性支出
40	506		补助下级支出
		50601	回拨补助
		50602	专项补助
		50603	超收补助
		50604	帮扶补助
		50605	送温暖补助
		50606	救灾补助
		50607	其他补助
41	507		事业支出
42	508		其他支出

第三部分　会计科目使用说明

一、资产类科目

第101号科目　库存现金

一、本科目核算工会的库存现金。

二、各级工会应当严格按照国家有关现金管理的规定收支现金。

三、库存现金的主要账务处理如下：

（一）从银行提取现金，借记本科目，贷记“银行存款”科目；将现金存入银行，借记“银行存款”科目，贷记本科目。

（二）因支付内部职工出差等原因所需的现金，借记“其他应收款”科目，贷记本科目；收到出差人员交回的差旅费剩余款并结算时，按实际收回的现金，借记本科目，按应报销的金额，借记“行政支出”等有关科目，按实际借出的现金，贷记“其他应收款”科目。

（三）因其他业务收到现金，借记本科目，贷记有关科目；支出现金，借记有关科目，贷记本科目。

四、本科目应设置“现金日记账”，由出纳人员根据收付款凭证，按照业务发生顺序，逐笔登记，每日终了，应计算当日的现金收入合计数、支出合计数和结余数，并将结余数与实际库存数进行核对，做到账款相符。

五、有外币现金的工会，按照折算后的人民币金额记账，并设立辅助账登记外币现金的币种、外币金额、即期汇率、折算后的人民币金额及来源简要说明等。

六、每日终了结算现金收支、财产清查等发现的现金短缺或溢余，应当及时查明原因，并根据管理权限，报经批准后，在期末结账前处理完毕：

（一）如为现金短缺，属于应由责任人等赔偿的部分，借记“其他应收款”科目，贷记本科目；属于无法查明的其他原因的部分，借记“其他支出”科目，贷记本科目。

（二）如为现金溢余，属于应支付给有关人员或单位的部分，借记本科目，贷记“其他应付款”科目；属于无法查明的其他原因的部分，借记本科目，贷记“其他收入”科目。

七、本科目期末借方余额，反映工会实际持有的库存现金。

第102号科目　银行存款

一、本科目核算工会存入银行或其他金融机构的各种款项。包括活期存款、定期存款等。

二、工会可以根据实际情况在本科目下设置经费集中户等明细科目。设置经费集中户的工会，应当先在经费集中户中归集工会经费，再按规定将属于本级工会的经费转入本级工会基本户，属于上级或下级工会的经费上缴上级工会或转拨下级工会。

三、工会应当严格按照国家有关支付结算办法的规定，正确地办理银行存款收支结算。

四、银行存款的主要账务处理如下：

（一）将现金存入银行，借记本科目，贷记“库存现金”科目。从银行提取现金，借记“库存现金”科目，贷记本科目。

（二）通过银行转账方式取得工会经费，借记本科目，贷记“拨缴经费收入”、“应付上级经费”、“应付下级经费”科目。

通过银行转账方式取得相关收入，借记本科目，贷记“上级补助收入”、“政府补助收入”、“行政补助收入”、“事业收入”、“投资收益”等科目。

（三）通过银行转账方式支付各项支出，借记“职工活动支出”、“维权支出”、“业务支出”、“行政支出”、“资本性支出”、“补助下级支出”、“事业支出”等科目，贷记本科目。

（四）收到的银行存款利息，借记本科目，贷记“其他收入”科目。

五、各级工会应按开户银行、存款种类分别设置“银行存款日记账”，由出纳人员根据收付款凭证，按照业务的发生顺序逐笔登记，每日终了应结出余额。“银行存款日记账”应定期与银行对账，至少每月核对一次，如有差额，应编制“银行存款余额调节表”，调节相符。

六、本科目期末借方余额，反映工会实际存在银行或其他金融机构的款项。

第111号科目　零余额账户用款额度

一、本科目核算在实行财政国库管理制度改革试点的地区，工会根据财政部门批复的用款计划收到的、尚未动用的零余额账户用款额度。

二、零余额账户用款额度的主要账务处理如下：

（一）在财政授权支付方式下，收到代理银行转来的“授权支付到账通知书”时，根据通知书所列数额，借记本科目，贷记“政府补助收入”科目。实际发生支出时，借记“维权支出”、“行政支出”、“资本性支出”等科目，贷记本科目。

（二）从零余额账户提取现金时，借记“库存现金”科目，贷记本科目。

（三）年度终了，根据代理银行提供的对账单作注销额度的相关账务处理，借记“财政应返还额度——财政授权支付”科目，贷记本科目。如果工会本年度财政授权支付预算指标数大于零余额账户用款额度下达数，借记“财政应返还额度——财政授权支付”科目，贷记“政府补助收入”科目。

下年初，根据代理银行提供的额度恢复到账通知书作相关恢复额度的账务处理，借记本科目，贷记“财政应返还额度——财政授权支付”科目。如果下年度收到财政部门批复的上年末下达零余额账户用款额度，借记本科目，贷记“财政应返还额度——财政授权支付”科目。

三、本科目期末借方余额，反映工会尚未支用的零余额账户用款额度。本科目年末应无余额。

第112号科目　财政应返还额度

一、本科目核算实行国库集中支付的工会年终应收财政下年度返还的资金额度。

二、本科目应设置两个明细科目：11201 财政直接支付、11202 财政授权支付，进行明细核算。

三、财政应返还额度的主要账务处理如下：

（一）财政直接支付年终结余资金的账务处理

年度终了，根据本年度财政直接支付预算指标数与当年财政直接支付实际支出数的差额，借记本科目（财政直接支付），贷记“政府补助收入”科目。

下年度恢复财政直接支付额度后，发生实际支出时，借记“维权支出”、“行政支出”、“资本性支出”等科目，贷记本科目（财政直接支付）。

（二）财政授权支付年终结余资金的账务处理

年度终了，根据代理银行提供的对账单注销额度，具体账务处理参见“零余额账户用款额度”。下年度年初根据代理银行提供的额度恢复到账通知书恢复额度，具体账务处理参见“零余额账户用款额度”。

四、本科目期末借方余额，反映工会应收财政下年度返还的资金额度。

第121号科目　借出款

一、本科目核算工会因开展工作或发展工运事业的需要而出借给其他工会或工会所属单位的款项。

二、本科目应按借款单位设置明细账。

三、借出款的主要账务处理如下：

（一）借出款项时，借记本科目，贷记“银行存款”等科目。

（二）收回借款时，借记“银行存款”等科目，贷记本科目。

（三）逾期三年以上、因借款单位原因尚未收回的借出款，报经批准认定确实无法收回，或者报经批准认定不再要求借款单位还款的，转入相关支出科目，借记“补助下级支出”、“事业支出”等科目，贷记本科目。

四、各级工会应对借出款严格控制，健全手续，及时清理，不得长期挂账。

五、本科目期末借方余额，反映工会尚未收回的借出款项。

第131号科目　应收上级经费

一、本科目核算工会应收未收的上级工会应拨付（或转拨）工会经费、建会筹备金和补助。

二、工会可以根据需要在本科目下设置以下明细科目：

13101　应收上级补助：核算上级工会应拨付给本级工会的回拨、专项和超收等补助收入。

13102　应收上级转拨经费：核算上级工会采用税务代收、财政划拨的形式收缴工会经费的，收缴的金额中应划转给本级工会的部分。

13103　应收建会筹备金：核算上级工会采用税务代收、财政划拨的形式收缴建会筹备金的，收缴的金额中应划转给本级工会的部分。

三、应收上级经费的主要账务处理如下：

（一）根据上级工会回拨、专项和超收等补助通知中的相关金额，借记本科目（应收上级补助），贷记“上级补助收入”科目相关明细科目。

收到上级工会拨来的回拨、专项和超收等补助时，借记“银行存款”科目，贷记本科目（应收上级补助）。

（二）根据上级工会经费转拨通知中的相关金额，借记本科目（应收上级转拨经费），按规定属于本级工会的部分，贷记“拨缴经费收入”科目，按规定应转拨下级工会的部分，贷记“应付下级经费——应付下级转拨经费”科目。

收到上级工会转拨的工会经费时，借记“银行存款”科目，贷记本科目（应收上级转拨经费）。

（三）根据上级工会有关建会筹备金转拨通知中的金额，借记本科目（应收建会筹备金），按规定属于本级工会的部分，贷记“拨缴经费收入”，按规定应转拨下级工会或需返还给筹建单位工会的部分，贷记“应付下级经费——应付建会筹备金”等科目。

收到上级工会转拨的建会筹备金时，借记“银行存款”科目，贷记本科目（应收建会筹备金）。

四、本科目期末借方余额，反映工会应收未收的上级经费、建会筹备金和补助。

第132号科目　应收下级经费

一、本科目核算工会按规定应收下级工会的上缴工会经费和建会筹备金。

二、工会可以根据需要在本科目下设置应收经费、应收建会筹备金等明细科目。

三、应收下级经费的主要账务处理如下：

（一）根据下级工会经费收缴报告表中的相关金额，借记本科目，按规定属于本级工会的部分，贷记“拨缴经费收入”科目，按规定应上缴上级工会的部分，贷记“应付上级经费”科目。

（二）收到下级工会的上缴经费时，借记“银行存款”科目，贷记本科目。

四、本科目期末借方余额，反映年末应收未收的下级工会上缴经费。

第135号科目　其他应收款

一、本科目核算工会除应收上下级经费以外的其他应收及暂付款项。

二、本科目应按债务人设置明细账，进行明细核算。

三、其他应收款的主要账务处理如下：

（一）发生其他应收及暂付款项，借记本科目，贷记“库存现金”、“银行存款”等科目。

结算收回或核销转列支出时，按收回的金额，借记“库存现金”、“银行存款”等科目，按列入支出的金额，借记有关支出科目，按结算总额，贷记本科目。

（二）逾期三年以上、因债务人原因尚未收回的其他应收款，报经批准认定确实无法收回的，应作为呆账及时进行账务处理，借记“其他支出”科目，贷记本科目。

核销的呆账，应保留备查账簿中登记。

已核销呆账重新收回的，按照实际收到的款项，借记“银行存款”科目，贷记“其他收入”科目。

四、各级工会应对其他应收及暂付款项严格控制，健全手续，及时清理，不得长期挂账。

五、本科目期末借方余额，反映尚未收回的其他应收及暂付款项。

第141号科目　库存物品

一、本科目核算工会取得的将在日常活动中耗用的材料、物品及达不到固定资产标准的工具、器具等。

二、本科目应按库存物品的类别、品名设置明细账，并根据出入库单逐笔核算。

三、库存物品的主要账务处理如下：

（一）购入物品时，借记本科目，贷记“银行存款”等科目。

（二）领用物品时，借记“职工活动支出”、“维权支出”、“行政支出”等科目，贷记本科目。

四、库存物品每年至少盘点一次，盘盈、盘亏或报废、毁损应查明原因，按规定程序批准后及时处理。

（一）发生盘盈的，借记本科目，贷记“其他收入”科目。

（二）盘亏的库存物品，按照账面余额，借记“其他支出”科目，贷记本科目。

报废、毁损的库存物品，按照库存物品账面余额扣除可以收回的保险赔偿和过失人的赔偿等后的金额，借记“其他支出”科目，按库存物品账面余额，贷记本科目，按照可以收回的保险赔偿和过失人赔偿等，借记“库存现金”、“银行存款”、“其他应收款”等科目。

五、本科目期末借方余额，反映尚未使用的库存物品的实际价值。

第151号科目　投　资

一、本科目核算工会按照国家有关法律、行政法规和工会的相关规定，以货币资金、实物资产等方式向其他单位的投资。

二、本科目可按投资类别、投资单位等设置明细账，进行明细核算。

三、投资的主要账务处理如下：

（一）取得投资时：

1. 购入国债等债券，借记本科目，贷记“银行存款”等科目；同时，借记“结余”科目，贷记“投资基金”科目。

2. 以货币资金对外进行股权投资，借记本科目，贷记“银行存款”等科目；同时，借记“结余”科目，贷记“投资基金”科目。

3. 以固定资产对外进行股权投资，按固定资产的评估价等，借记本科目，贷记“投资基金”科目；同时，按投出固定资产的账面原值，借记“固定基金”科目，贷记“固定资产”科目。

4. 以库存物品对外进行股权投资，按库存物品的评估价等，借记本科目，按库存物品账面价值，贷记“库存物品”科目，按评估价等与账面价值的差额，借记或贷记“投资基金”科目；同时，按库存物品的账面价值，借记“结余”科目，贷记“投资基金”科目。

（二）实际收到利息、股利等投资收益时，借记“银行存款”等科目，贷记“投资收益”科目。

（三）投资收回时，按照实际收到的价款，借记“银行存款”科目，按照本科目的账面价值，贷记本科目，按照其差额，贷记或借记“投资收益”科目。同时借记“投资基金”科目，贷记“结余”科目。

（四）投资出现损失，报经批准认定确实无法收回的，借记“投资基金”科目，贷记本科目。

已经核销的投资呆账，保留备查账簿，对投资失误者要追查责任。

已经核销的投资呆账，重新收回的，借记“银行存款”等科目，贷记“其他收入”科目。收回实物的，需重新进行评估，按公允价值入账。

四、本科目期末借方余额，反映工会持有投资的金额。

第161号科目　在建工程

一、本科目核算工会进行在建工程所发生的实际支出。

二、本科目可按具体工程项目设置明细科目，进行明细核算。

三、在建工程的主要账务处理如下：

（一）预付工程款时，按照实际支付的金额，借记本科目，贷记“在建工程占用资金”科目，同时借记“资本性支出”科目，贷记“银行存款”科目。

（二）工程完工时，借记“固定资产”科目，贷记本科目，同时借记“在建工程占用资金”科目，贷记“固定基金”科目。

四、本科目的期末借方余额，反映工会尚未完工的各项在建工程发生的实际支出。

第162号科目　固定资产

一、本科目核算工会拥有或控制的各项固定资产原值。

二、工会应设置固定资产明细账，按类别、品名进行明细核算。

三、固定资产的主要账务处理如下：

（一）购入、有偿调入固定资产，借记“资本性支出”等科目，贷记“银行存款”等科目，同时借记本科目，贷记“固定基金”科目。

（二）自行建造固定资产，发生基建支出时，借记“在建工程”科目，贷记“在建工程占用资金”科目，同时借记“资本性支出”科目，贷记“银行存款”科目。工程完工时，借记本科目，贷记“在建工程”科目，同时借记“在建工程占用资金”科目，贷记“固定基金”科目。

（三）无偿调入、接受捐赠固定资产，借记本科目，贷记“固定基金”科目。

（四）以固定资产对外进行股权投资，按固定资产的评估价等，借记“投资”科目，贷记“投资基金”科目；同时，按投出固定资产的账面原值，借记“固定基金”科目，贷记本科目。

（五）出售固定资产，按账面原值，借记“固定基金”科目，贷记本科目，取得的收入扣减相关支出后的净额，借记“银行存款”等科目，贷记“其他收入”科目。

四、固定资产每年必须盘点一次，对盘盈、盘亏、报废或毁损的，资产监督管理部门应当查明原因，写出书面报告，按规定报经批准认定后及时进行账务处理，同时将有关情况在会计报表说明中加以披露。

（一）盘盈的固定资产，借记本科目，贷记“固定基金”科目。

（二）盘亏的固定资产，按账面原值，借记“固定基金”科目，贷记本科目。

（三）毁损、报废的固定资产，按账面原值，借记“固定基金”科目，贷记本科目。同时，按清理过程中取得的收入，借记“库存现金”、“银行存款”等科目，按清理过程中发生的支出，贷记“库存现金”、“银行存款”等科目，按清理净收入（或净支出），贷记“其他收入”科目或借记“其他支出”科目。

五、工会可以设置专门的辅助账记录各项固定资产的原值、购入时间、预计使用年限、应计提折旧（一般采用直线法计提折旧）、固定资产净值等。

六、本科目期末借方余额，反映固定资产的原值。

二、负债类科目

第 201 号科目　应付工资（离退休费）

一、本科目核算向本单位职工发放的工资或离退休费。

二、工会可以根据需要在本科目下设置在职人员、离休人员、退休人员等明细科目。

三、应付工资（离退休费）的主要账务处理如下：

实际发放工资（离退休费）时，借记“行政支出”等科目，贷记本科目；同时，借记本科目，贷记“银行存款”、“零余额账户用款额度”等科目。

四、本科目期末贷方一般无余额。

第 202 号科目　应付地方（部门）津贴补贴

一、本科目核算向本单位职工发放的各类地方（部门）津贴补贴。

二、工会可以根据需要在本科目下设置在职人员、离休人员、退休人员等明细科目。

三、应付地方（部门）津贴补贴的主要账务处理如下：

实际发放地方（部门）津贴补贴时，借记“行政支出”等科目，贷记本科目；同时，借记本科目，贷记“银行存款”、“零余额账户用款额度”等科目。

四、本科目期末贷方一般无余额。

第 203 号科目　应付其他个人收入

一、本科目核算向本单位职工发放除“201 应付工资（离退休费）”和“202 应付地方（部门）津贴补贴”以外的其他个人收入。

二、工会可以根据需要在本科目下设置在职人员、离休人员、退休人员等明细科目。

三、应付其他个人收入的主要账务处理如下：

实际发放其他个人收入时，借记“行政支出”等科目，贷记本科目；同时，借记本科目，贷记“银行存款”、“零余额账户用款额度”等科目。

四、本科目期末贷方一般无余额。

第 211 号科目　借入款

一、本科目核算工会借入的款项。

二、借入款的主要账务处理如下：

（一）发生借入款时，借记“银行存款”科目，贷记本科目。

（二）归还借款时，借记本科目，贷记“银行存款”等科目。

三、本科目期末贷方余额，反映工会尚未偿还的借入款项。

第 221 号科目　应付上级经费

一、本科目核算工会按规定应上缴的工会经费及建会筹备金。

二、工会可以根据需要在本科目下设置应上缴经费、应上缴建会筹备金等明细科目。

三、应付上级经费的主要账务处理如下：

（一）应上缴经费的处理

收到工会经费，按下级工会经费收缴报告表中的相关金额或实际收到的总金额，借记“应收下级经费”、“银行存款”等科目，按规定属于本级工会的部分，贷记“拨缴经费收入”科目，按规定应上缴上级工会的部分，贷记本科目，按规定应转拨下级工会的部分，贷记“应付下级经费——应付下级转拨经费”科目。

实际上缴工会经费时，借记本科目，贷记“银行存款”科目。

（二）应上缴建会筹备金的处理

收到建会筹备金，按实际收到的总金额，借记“银行存款”科目，按规定属于本级工会的部分，贷记“拨缴经费收入”科目，按规定应上缴上级工会的部分，贷记本科目，按规定应转拨下级工会或需返还筹建单位工会的部分，贷记“应付下级经费——应付建会筹备金”科目。

实际上缴上级工会的经费，借记本科目，贷记“银行存款”科目。

四、本科目期末贷方余额，反映工会应缴上级但尚未上缴的经费。

第 222 号科目　应付下级经费

一、本科目核算工会应付下级工会的各项补助以及应转拨下级工会的工会经费和建会筹备金。

二、工会可以根据需要在本科目下设置以下明细科目：

22201　应付下级补助：核算工会应拨付给下级工会的回拨、专项和超收等各项补助。

22202　应付下级转拨经费：核算工会采用税务代收、财政划拨的形式收缴工会经费的，收缴的金额中应划转给下级工会作为下级工会拨缴经费收入的部分。

22203　应付建会筹备金：核算工会采用税务代收、财政划拨的形式收缴建会筹备金的，收缴的金额中应划转给下级工会作为下级工会拨缴经费收入的部分和需返还给筹建单位工会的部分。

三、应付下级经费的主要账务处理如下：

（一）本级工会年末清算对下级工会的补助时，根据补助通知中的相关金额，借记“补助下级支出”科目，贷记本科目（应付下级补助）。

次年，实际拨付补助时，借记本科目（应付下级补助），贷记“银行存款”科目。

（二）采用税务代收、财政划拨方式收缴工会经费的：

1. 本级工会通过税务部门代收、财政部门划拨的工会经费，按实际收到的总金额，借记“银行存款”科目，按规定属于本级工会的部分，贷记“拨缴经费收入”科目，按规定应上缴上级工会的部分，贷记“应付上级经费”科目，按规定应转拨下级工会的部分，贷记本科目（应付下级转拨经费）。

实际转拨下级工会经费，借记本科目，贷记“银行存款”科目。

2. 本级工会收到上级工会通过财政部门划拨、税务部门代收的工会经费，按上级工会经费转拨通知中的金额或实际收到的总金额，借记“应收上级经费——应收上级转拨经费”、“银行存款”科目，按规定属于本级工会的部分，贷记“拨缴经费收入”科目，按规定应转拨下级工会的部分，贷记本科目（应付下级转拨经费）。

实际转拨下级工会的经费，借记本科目，贷记“银行存款”科目。

（三）采用税务代收、财政划拨方式收取建会筹备金的：

1. 本级工会通过税务部门代收、财政部门划拨的建会筹备金，按实际收到的总金额，借记“银行存款”科目，按规定属于本级工会的部分，贷记“拨缴经费收入”科目，按规定应上缴上级工会的部分，贷记“应付上级经费”科目，按规定应转拨下级工会或需返还给筹建单位工会的部分，贷记本科目（应付建会筹备金）。

2. 本级工会收到上级工会通过财政部门划拨、税务部门代收的建会筹备金，按上级工会有关建会筹备金转拨通知中的金额或实际收到的总金额，借记“应收上级经费——应收建会筹备金”、“银行存款”科目，按规定属于本级工会的部分，贷记“拨缴经费收入”科目，按规定应转拨下级工会或需返还给筹建单位工会的部分，贷记本科目（应付建会筹备金）。

3. 对于需要返还基层单位工会的建会筹备金，借记本科目，贷记“银行存款”科目。

4. 对于不需返还基层单位的建会筹备金，借记本科目，按规定属于本级工会的部分，贷记“拨缴经费收入”科目，规定应上缴上级工会的部分，贷记“应付上级经费”科目。

四、本科目期末贷方余额，反映应拨付下级但尚未拨付的经费。

第 225 号科目　其他应付款

一、本科目核算工会除应付上下级经费之外的其他应付及暂存款项。

二、本科目应按对方单位或个人设置明细账，进行明细核算。

三、其他应付款的主要账务处理如下：

发生其他应付及暂存款项，借记“库存现金”、“银行存款”等科目，贷记本科目。支付款项时，借记本科目，贷记“银行存款”等科目。

四、本科目期末贷方余额，反映尚未支付的其他应付及暂存款项。

第 231 号科目　代管经费

一、本科目核算党团组织及单位行政委托工会代管的、有指定用途的、不属于工会收入的经费，如代管的党费、团费、职工互助金等。

二、本科目应按拨入代管经费的项目或单位设置明细账。

三、收到代管的经费时，借记“银行存款”科目，贷记本科目，实际支出时，借记本科目，贷记“银行存款”科目。

四、本科目期末贷方余额，反映尚未使用的代管经费。

三、净资产类科目

第 301 号科目　固定基金

一、本科目核算工会购入、调入、建造、盘盈、接受捐赠固定资产所形成的基金，以及拆除、盘亏、毁损、捐出固定资产等原因减少的固定基金。

二、固定基金的主要账务处理如下：

（一）固定基金增加

1. 购入、有偿调入固定资产，借记“固定资产”科目，贷记本科目，同时借记“资本性支出”等科目，贷记“银行存款”等科目。

2. 自行建造固定资产，发生基建支出时，借记“在建工程”科目，贷记“在建工程占用资金”科目，同时借记“资本性支出”科目，贷记“银行存款”科目。工程完工时，借记“固定资产”科目，贷记“在建工程”科目，同时借记“在建工程占用资金”科目，贷记本科目。

3. 无偿调入、接受捐赠固定资产，借记“固定资产”科目，贷记本科目。

4. 盘盈的固定资产，借记“固定资产”科目，贷记本科目。

（二）固定基金减少

1. 有偿调出、出售的固定资产，按账面原值，借记本科目，贷记“固定资产”科目；取得的收入扣减相关支出后的净额，借记“银行存款”等科目，贷记“其他收入”科目。

2. 毁损、报废的固定资产，按账面原值，借记本科目，贷记“固定资产”科目。同时，按清理过程中取得的收入，借记“库存现金”、“银行存款”等科目，按清理过程中发生的支出，贷记“库存现金”、“银行存款”等科目，按清理净收入（或净支出），贷记“其他收入”科目或借记“其他支出”科目。

3. 以固定资产对外进行股权投资，按固定资产的评估价等，借记“投资”科目，贷记“投资基金”科目；同时，按投出固定资产的账面原值，借记本科目，贷记“固定资产”科目。

4. 盘亏的固定资产，按账面原值，借记本科目，贷记“固定资产”科目。

三、本科目期末贷方余额，反映工会拥有的固定基金总值。

第 302 号科目　在建工程占用资金

一、本科目核算工会在建工程完工前累计占用的资金。

二、本科目可按具体工程项目设置明细科目，进行明细核算。

三、在建工程占用资金的主要账务处理如下：

（一）预付工程款时，按照实际支付的金额，借记“资本性支出”科目，贷记“银行存款”科目，同时借记“在建工程”科目，贷记本科目。

（二）工程完工时，借记“固定资产”科目，贷记“在建工程”科目，同时借记本科目，贷记“固定基金”科目。

四、本科目的期末借方余额，反映工会尚未完工的各项在建工程发生的累计实际支出。

第311号科目　投资基金

一、本科目核算工会对外投资占用的基金。

二、投资基金的主要账务处理如下：

（一）投资基金增加

1. 购入国债等债券，借记“投资”科目，贷记“银行存款”等科目；同时，借记“结余”科目，贷记本科目。

2. 以货币资金对外进行股权投资，借记“投资”科目，贷记“银行存款”等科目；同时，借记“结余”科目，贷记本科目。

3. 以库存物品对外进行股权投资。对外投出库存物品，按库存物品的评估价等，借记“投资”科目，按库存物品账面价值，贷记“库存物品”科目，按评估价与账面价值的差额，借记或贷记本科目；同时，按库存物品的账面价值，借记“结余”科目，贷记本科目。

4. 以固定资产对外进行股权投资，按固定资产的评估价等，借记“投资”科目，贷记本科目；同时，按投出固定资产的账面原值，借记“固定基金”科目，贷记“固定资产”科目。

（二）投资基金减少

1. 投资出现损失，经确认无法收回的部分，按照工会呆账处理的有关规定进行账务核销，借记本科目，贷记“投资”科目。

已经核销的投资呆账，保留备查账簿，对投资失误者要追查责任。已经核销的投资呆账，重新收回的，借记“银行存款”科目，贷记“其他收入”科目。收回实物的，按公允价值入账。

2. 投资收回时，按照实际收到的价款，借记“银行存款”科目，按照本科目的账面价值，贷记“投资”科目，同时借记本科目，贷记“结余”科目，按照其差额，贷记或借记“投资收益”科目。

三、本科目的贷方余额，核算工会尚未收回的投资款项。

第 321 号科目　专用基金

一、本科目核算根据国家和全国总工会有关规定，依法提取和使用的有专门用途的基金。

二、本科目应按专用基金种类设置以下明细科目：

32101　增收留成基金：核算提取的增收留成基金。

32102　财务专用基金：核算提取的财务专用基金。

32103　权益保障金：核算提取的工会干部权益保障金。

三、专用基金的主要账务处理如下：

（一）提取增收留成基金时，借记“其他支出”科目，贷记本科目（增收留成基金）。实际支出时，借记本科目（增收留成基金），贷记“银行存款”等科目。

（二）提取财务专用基金时，借记“其他支出”科目，贷记本科目（财务专用基金）。实际支出时，借记本科目（财务专用基金），贷记“银行存款”等科目。

（三）县级以上工会提取工会干部权益保障金时，借记“维权支出”科目，贷记本科目（权益保障金）。

接受社会募集、捐款增加工会干部权益保障金时，借记“库存现金”、“银行存款”等科目，贷记本科目（权益保障金）。

实际发放工会干部权益保障金时，借记本科目（权益保障金），贷记“库存现金”、“银行存款”等科目。

四、本科目期末贷方余额，反映工会专用基金的数额。

第 322 号科目　后备金

一、本科目核算县级以上工会按规定依法提取的特殊情况下使用的储备金。

二、后备金的主要账务处理如下：

（一）提取后备金时，借记“结余”科目，贷记本科目。

（二）按有关规定经批准动用后备金时，按实际支付的金额，借记本科目，贷记“银行存款”等科目。

三、本科目期末贷方余额，反映工会尚未动用的后备金数额。

第331号科目　结　余

一、本科目核算工会各项收入与支出相抵后的余额。

二、结余的主要账务处理如下：

（一）发生对外投资时，借记“投资”科目，贷记有关科目，同时，借记本科目，贷记“投资基金”科目。收回投资时，按照投资的账面价值，借记“投资基金”科目，贷记本科目。

（二）期末结账时，将各收入类科目的余额转入本科目，借记“会费收入”、“拨缴经费收入”、“上级补助收入”、“政府补助收入”、“行政补助收入”、“事业收入”、“投资收益”、“其他收入”等科目，贷记本科目。

将各支出类科目的余额转入本科目，借记本科目，贷记“职工活动支出”、“维权支出”、“业务支出”、“行政支出”、“资本性支出”、“补助下级支出”、“事业支出”、“其他支出”等科目。

（三）提取后备金时，借记本科目，贷记“后备金”科目。

三、本科目期末贷方余额，反映工会历年滚存的结余。

四、收入类科目

第401号科目　会费收入

一、本科目核算工会会员依照规定向工会组织缴纳的会费。

二、会费收入的主要账务处理如下：

（一）取得会费时，借记“库存现金”、“银行存款”等科目，贷记本科目。

（二）期末结转时，借记本科目，贷记“结余”科目。

三、本科目期末结转后无余额。

第402号科目　拨缴经费收入

一、本科目核算基层单位行政拨缴、下级工会按规定上缴及上级工会按规定转拨的工会经费中归属于本级工会的经费及建会筹备金。

二、工会可以根据需要在本科目下设置明细科目，进行明细核算。

三、拨缴经费收入的主要账务处理如下：

（一）工会经费的处理

1. 采用自主收缴工会经费的：

收到工会经费，按下级工会经费收缴报告表中的相关金额或实际收到的总金额，借记“应收下级经费”、“银行存款”科目，按规定属于本级工会的部分，贷记本科目，按规定应上缴上级工会的部分，贷记“应付上级经费”科目。

2. 采用税务代收、财政划拨方式收取工会经费的：

（1）本级工会通过税务部门代收、财政部门划拨的工会经费，按实际收到的总金额，借记“银行存款”科目，按规定属于本级工会的部分，贷记本科目，按规定应上缴上级工会的部分，贷记“应付上级经费”科目，按规定应转拨下级工会的部分，贷记“应付下级经费——应付下级转拨经费”科目。

（2）本级工会收到上级工会转拨通过财政部门划拨、税务部门代收的工会经费，按上级工会经费转拨通知中的金额或实际收到的总金额，借记“应收上级经费——应收上级转拨经费”、“银行存款”科目，按规定属于本级工会的部分，贷记本科目，按规定属于下级工会的部分，贷记“应付下级经费——应付下级转拨经费”科目。

（二）建会筹备金的处理

1. 采用自主收缴方式收取建会筹备金的：

本级工会收到建会筹备金，按实际收到的总金额，借记“银行存款”科目，按规定属于本级工会的部分，贷记本科目，按规定应上缴上级工会的部分，贷记“应付上级经费”科目，需返还给筹建单位工会的部分，贷记“应付下级经费——应付建会筹备金”科目。

2. 采用税务代收、财政划拨方式收取建会筹备金的：

（1）本级工会通过税务部门代收、财政部门划拨的建会筹备金，按实际收到的总金额，借记“银行存款”科目，按规定属于本级工会的部分，贷记本科目，按规定应上缴上级工会的部分，贷记“应付上级经费”科目，按规定应转拨下级工会或需返还给筹建单位工会的部分，贷记“应付下级经费——应付建会筹备金”科目。

（2）本级工会收到上级工会转拨通过财政部门划拨、税务部门代收的建会筹备金，按上级工会有关建会筹备金转拨通知中的金额或实际收到的总金额，借记“应收上级经费——应收建会筹备金”、“银行存款”科目，按规定属于本级工会的部分，贷记本科目，按规定属于下级工会或需返还给筹建单位工会的部分，贷记“应付下级经费——应付建会筹备金”科目。

3.（1）筹建单位在期限内建立工会，本级工会返还建会筹备金的，按实际返还的金额，借记“应付下级经费——应付建会筹备金”科目，贷记“银行存款”科目。

（2）筹建单位到期未建立工会，本级工会不需返还的建会筹备金，借记“应付下级经费——应付建会筹备金”科目，按规定属于本级工会的部分，贷记本科目，按规定应上缴上级工会的部分，贷记“应付上级经费”科目。

4. 筹建单位按期建立工会，所建工会收到返还的建会筹备金，借记“银行存款”科目，贷记本科目。

（三）期末结转时，借记本科目，贷记“结余”科目。

四、本科目期末结转后无余额。

第403号科目　上级补助收入

一、本科目核算本级工会收到的上级工会补助的款项。

二、本科目应设置以下明细科目：

40301　回拨补助：核算上级工会按有关规定拨付的回拨补助。

40302　专项补助：核算上级工会拨付的指定专门用途的项目补助。

40303　超收补助：核算上级工会按有关超收增缴经费管理规定，拨付的超收补助。

40304　帮扶补助：核算上级工会拨付的帮扶困难职工的补助。

40305　送温暖补助：核算上级工会拨付的用于开展向困难职工和家庭送温暖活动的补助。

40306　救灾补助：核算上级工会拨付的用于慰问在自然灾害中经济财产遭受损失、生活遇到困难的职工和家庭的补助。

40307　其他补助：核算上级工会拨付的除上述明细科目所述内容以外的其他补助。

三、上级补助收入的主要账务处理如下：

（一）按银行收款单或上级工会的补助通知书，借记“银行存款”、“应收上级经费——应收上级补助”科目，贷记本科目相关明细科目。

（二）年末清算时，存在上级应付未付补助款项的，借记“应收上级经费——应收上级补助”科目，贷记本科目相关明细科目。

（三）期末结转时，借记本科目，贷记“结余”科目。

四、本科目的余额要与上级工会的补助下级支出科目金额核对一致。

五、本科目期末结转后无余额。

第 404 号科目　政府补助收入

一、本科目核算各级人民政府按照《工会法》和国家的有关规定给予工会的补助款项，包括工会收到财政拨付的离退休人员离退休费和生活补贴、帮扶资金、送温暖经费、疗养事业补助、劳模补助、基建、维修及大型活动补助等。

二、工会可以根据需要在本科目下设置明细科目，进行明细核算。

三、政府补助收入的主要账务处理如下：

（一）在实行国库集中支付的地区

1. 收到财政直接支付的政府补助，根据财政国库支付执行机构委托代理银行转来的《财政直接支付入账通知书》及原始凭证入账，借记有关支出科目，贷记本科目。

2. 收到财政授权支付的政府补助，根据代理银行盖章的《授权支付到账通知书》与分月用款计划核对后记账，借记“零余额账户用款额度”科目，贷记本科目。

（二）未实行国库集中支付的地区，收到财政补助时，借记“银行存款”等科目，贷记本科目。

（三）期末结转时，借记本科目，贷记“结余”科目。

四、本科目期末结转后无余额。

第 405 号科目　行政补助收入

一、本科目核算工会取得的所在单位行政方面按照《工会法》和国家的有关规定给予工会的补助款项。包括工会收到行政拨付的劳动竞赛经费、工会开展活动的费用补助等。不包括行政方面按规定向工会拨缴的工会经费。

二、行政补助收入的主要账务处理如下：

（一）收到行政补助时，借记“银行存款”等科目，贷记本科目。

（二）期末结转时，借记本科目，贷记“结余”科目。

三、本科目期末结转后无余额。

第 406 号科目　事业收入

一、本科目核算独立核算的工会附属事业单位上缴的收入和非独立核算的附属事业单位的各项事业收入。

二、本科目应按缴款项目或缴款单位名称设明细账。

三、事业收入的主要账务处理如下：

（一）收到相关收入时，借记“银行存款”等科目，贷记本科目。

（二）期末结转时，借记本科目，贷记“结余”科目。

四、本科目期末结转后无余额。

第 407 号科目　投资收益

一、本科目核算工会对外投资发生的损益。

二、投资收益的主要账务处理如下：

（一）收到投资收益时，借记“银行存款”科目，贷记本科目。

（二）投资收回时，按照实际收到的价款，借记“银行存款”科目，按照本科目的账面价值，贷记“投资”科目，按照其差额，贷记或借记“投资收益”科目。同时借记“投资基金”科目，贷记“结余”科目。

三、本科目期末结转后无余额。

第 408 号科目　其他收入

一、本科目核算除上述收入以外的各项收入。如资产盘盈、固定资产处置净收入、接受捐赠收入、银行存款利息收入等。

二、其他收入的主要账务处理如下：

（一）取得其他收入时

1. 取得银行存款利息收入，借记“银行存款”等科目，贷记本科目。

2. 接受捐赠，借记“银行存款”等科目，贷记本科目。

3. 盘盈的库存物品，借记“库存物品”科目，贷记本科目。

4. 有偿调出、出售的固定资产，按账面原值，借记“固定基金”科目，贷记“固定资产”科目，取得的收入扣减相关支出后的净额，借记“银行存款”等科目，贷记本科目。毁损、报废的固定资产，按账面原值，借记“固定基金”科目，贷记“固定资产”科目；清理过程中发生的净收入，借记“库存现金”、“银行存款”等科目，贷记本科目；清理过程中发生的净支出，借记“其他支出”科目，贷记“库存现金”、“银行存款”等科目。

（二）期末结转时，借记本科目，贷记“结余”科目。

三、本科目期末结转后无余额。

五、支出类科目

第 501 号科目　职工活动支出

一、本科目核算工会为会员及其他职工开展教育、文体、宣传等活动发生的支出。基层工会组织会员开展集体活动及会员特殊困难补助的费用，列入本科目核算。

二、本科目应设置以下明细科目：

50101　职工教育费：核算工会开展职工教育活动的各项支出。

50102　文体活动费：核算工会开展职工业余文体活动的各项支出。

50103　宣传活动费：核算工会开展职工宣传活动方面的各项支出。

50104　其他活动支出：核算基层工会支付的会员特殊困难补助的费用以及工会开展其他活动的各项支出。

三、职工活动支出的主要账务处理如下：

（一）发生职工活动支出时，借记本科目，贷记“库存现金”、“银行存款”等科目。

（二）期末结转时，借记“结余”科目，贷记本科目。

四、本科目期末结转后无余额。

第 502 号科目　维权支出

一、本科目核算工会直接用于维护职工权益的支出。

二、本科目应设置以下明细科目：

50201　劳动关系协调费：核算工会在协调劳动关系争议中发生的支出。

50202　劳动保护费：核算工会开展职工劳动保护发生的支出。

50203　法律援助费：核算工会向职工群众提供法律咨询、法律服务等发生的支出。

50204　困难职工帮扶费：核算工会对困难职工帮扶发生的支出。

50205　送温暖费：核算工会向职工送温暖发生的支出。

50206　其他维权支出：核算以上各项维权活动之外的维权支出，如参与立法费等。

三、维权支出的主要账务处理如下：

（一）发生维权、帮扶支出时，借记本科目，贷记“库存现金”、“银行存款”等科目。

（二）县级以上工会提取工会干部权益保障金时，借记本科目，贷记“专用基金——权益保障金”科目。

（三）期末结转时，借记“结余”科目，贷记本科目。

四、本科目期末结转后无余额。

第503号科目　业务支出

一、本科目核算工会培训工会干部、加强自身建设及开展业务工作发生的各项支出。

二、本科目应设置以下明细科目：

50301　培训费：核算工会干部、积极分子培训等支出。

50302　会议费：核算工会代表大会、委员会、经审会以及工会专业工作会议的各项支出。

50303　外事费：核算工会开展外事活动方面的费用。

50304　专项业务费：核算工会开展工会组织建设、考核表彰、建家活动、大型专题调研、经审专用经费等专项业务发生的支出。

50305　其他业务支出：不属于以上业务开支的其他费用。

三、业务支出主要账务处理如下：

（一）发生业务支出时，借记本科目，贷记“库存现金”、“银行存款”等科目。

（二）期末结转时，借记“结余”科目，贷记本科目。

四、本科目期末结转后无余额。

第504号科目　行政支出

一、本科目核算工会为行政管理、后勤保障等发生的各项日常支出。

二、本科目应设置以下明细科目：

50401　工资福利支出：核算工会开支的专职工作人员和聘用人员的各类劳动报酬，以及为上述人员缴纳的各项社会保险费等。包括：基本工资、津贴补贴、奖金、社会保障缴费、伙食补助费等。

50402　商品和服务支出：核算工会购买商品和服务的支出（不包括用于购置固定资产的支出）。包括：办公费、印刷费、咨询费、手续费、水费、电费、邮电费、物业管理费、交通费（燃料费、保险费、修理费、其他交通费）、差旅费（住宿费、旅费、伙食补助费、杂费）、维修（护）费、租赁费、招待费（餐费、其他招待费）、专用材料费、劳务费、委托业务费、工会经费、福利费等。

50403　对个人和家庭的补助：核算工会用于对个人和家庭的补助支出。包括：离休费、退休费、退职费、抚恤金、生活补助、医疗费、住房公积金、提租补贴、购房补贴等。

50404　其他行政支出：核算不能划分到上述经济科目的其他支出。

三、行政支出的主要账务处理如下：

（一）支出人员经费时，借记本科目，贷记“应付工资（离退休费）”、“应付地方（部门）津贴补贴”、“应付其他个人收入”等科目；同时，借记“应付工资（离退休费）”、“应付地方（部门）津贴补贴”、“应付其他个人收入”等科目，贷记“银行存款”、“零余额账户用款额度”等科目。

（二）支出公用经费时，借记本科目，贷记“库存现金”、“银行存款”等科目。

（三）期末结转时，借记“结余”科目，贷记本科目。

四、本科目期末结转后无余额。

第 505 号科目　资本性支出

一、本科目核算工会从事建设工程、设备工具购置、大型修缮和信息网络购建而发生的实际支出。

二、本科目应设置以下明细科目：

50501　房屋建筑物购建：核算工会用于购买、自行建造办公用房、仓库、食堂等建筑物（含附属设施，如电梯、通讯线路、电缆、水气管道等）的支出。

50502　办公设备购置：核算工会购置纳入固定资产核算范围的办公家具和办公设备的支出。

50503　专用设备购置：核算工会购置具有专门用途、纳入固定资产核算范围的各类专用设备的支出。

50504　交通工具购置：核算工会用于购置各类交通工具的支出（含车辆购置税）。

50505　大型修缮：核算工会各类设备、建筑物等的大型修缮支出。

50506　信息网络购建：核算工会用于信息网络方面的支出。如计算机硬件、软件购置、开发、应用支出等。购建的计算机硬件、软件等不符合固定资产确认标准的，不在此科目核算。

50507　其他资本性支出：核算工会其他上述科目中未包括的资本性支出。

三、资本性支出的主要账务处理如下：

（一）购置房屋建筑物等，借记本科目，贷记“银行存款”科目，同时借记“固定资产”科目，贷记“固定基金”科目。

（二）自行建造房屋建筑物、大型修缮等，发生基建支出时，借记“在建工程”科目，贷记“在建工程占用资金”科目，同时借记本科目，贷记“银行存款”科目。工程完工时，借记“固定资产”科目，贷记“在建工程”科目，同时借记“在建工程占用资金”科目，贷记“固定基金”科目。

（三）期末结转时，借记“结余”科目，贷记本科目。

四、本科目期末结转后无余额。

第506号科目　补助下级支出

一、本科目核算工会为解决下级工会经费不足或根据有关规定给予下级工会的各类补助款项。

二、本科目应设置以下明细科目：

50601　回拨补助：核算工会按有关规定给下级工会的回拨经费补助。

50602　专项补助：核算工会对下级工会指定项目的补助。

50603　超收补助：核算工会按有关超收增缴的规定对下级工会的超收补助。

50604　帮扶补助：核算工会按有关规定对下级工会的困难职工帮扶补助。

50605　送温暖补助：核算工会拨付下级工会用于开展送温暖活动的补助。

50606　救灾补助：核算工会拨付下级工会用于慰问在自然灾害中经济财产遭受损失、生活遇到困难的职工和家庭的补助。

50607　其他补助：核算工会拨付下级工会的除上述明细科目所述内容以外的其他补助。

三、补助下级支出的主要账务处理如下：

（一）发生补助下级支出时，借记本科目相关明细科目，贷记“银行存款”等科目。

（二）期末结转时，借记“结余”科目，贷记本科目。

四、本科目期末结转后无余额。

第507号科目　事业支出

一、本科目核算工会对独立核算的附属事业单位的补助和非独立核算的附属事业单位的各项支出。

二、本科目应按单位或部门设置明细账。

三、事业支出的主要账务处理如下：

（一）发生相关支出时，借记本科目，贷记“银行存款”等科目。

（二）期末结转时，借记“结余”科目，贷记本科目。

四、本科目期末结转后无余额。

第508号科目　其他支出

一、本科日核算各级工会以上支出项目以外的各项支出。如资产盘亏、固定资产处置净损失、捐赠支出以及按规定计提有关专用基金等。

二、其他支出的主要账务处理如下：

（一）发生其他支出时

1. 盘亏的库存物品，按照账面余额，借记本科目，贷记“库存物品”科目。

报废、毁损的库存物品，按照库存物品账面余额扣除可以收回的保险赔偿和过失人的赔偿等后的金额，借记本科目，按库存物品账面余额，贷记“库存物品”科目，按照可以收回的保险赔偿和过失人赔偿等，借记“库存现金”、“银行存款”、“其他应收款”等科目。

2. 毁损、报废的固定资产，按账面原值，借记“固定基金”科目，贷记“固定资产”科目。同时，按清理过程中取得的收入，借记“库存现金”、“银行存款”等科目，按清理过程中发生的支出，贷记“库存现金”、“银行存款”等科目，按清理净收入（或净支出），贷记“其他收入”科目或借记本科目。

3. 对外捐赠支出，借记本科目，贷记“库存现金”、“银行存款”等科目。

4. 提取增收留成基金、财务专用基金时，借记本科目，贷记“专用基金——增收留成基金、财务专用基金”科目。

（二）期末结转时，借记“结余”科目，贷记本科目。

三、本科目期木结转后无余额。

第四部分　会计报表格式

编　号	会计报表名称	编制期
工会01表	资产负债表	月报、年报
工会02表	收入支出表	月报、年报
工会01表附表1	往来款项明细表	年报
工会02表附表1	经费收缴情况表	季报、年报

资 产 负 债 表

工会 01 表

编制单位：　　　　　　____年__月__日　　　　　　单位：元

	资　　产	年初数	期末数		负债与净资产	年初数	期末数
	一、资产				二、负债		
101	库存现金			201	应付工资（离退休费）		
102	银行存款			202	应付地方(部门)津贴补贴		
111	零余额账户用款额度			203	应付其他个人收入		
112	财政应返还额度			211	借入款		
121	借出款			221	应付上级经费		
131	应收上级经费			222	应付下级经费		
132	应收下级经费			225	其他应付款		
135	其他应收款			231	代管经费		
141	库存物品				负债合计		
151	投资						
161	在建工程				三、净资产类		
162	固定资产			301	固定基金		
				302	在建工程占用资金		
				311	投资基金		
				321	专用基金		
				322	后备金		
				331	结余		
					净资产合计		
	资产总计				负债与净资产总计		

工会主席：　　　　财务负责人：　　　　复核：　　　　制表：

收 入 支 出 表

工会 02 表

编制单位：　　　　　　　　　　____年__月　　　　　　　　　　单位：元

项	目	本月数	本年累计数
一、收　入			
401	会费收入		
402	拨缴经费收入		
403	上级补助收入		
40301	回拨补助		
40302	专项补助		
40303	超收补助		
40304	帮扶补助		
40305	送温暖补助		
40306	救灾补助		
40307	其他补助		
404	政府补助收入		
405	行政补助收入		
406	事业收入		
407	投资收益		
408	其他收入		
	本期收入合计		
二、支出			
501	职工活动支出		
50101	职工教育费		
50102	文体活动费		
50103	宣传活动费		
50104	其他活动支出		
502	维权支出		
50201	劳动关系协调费		
50202	劳动保护费		
50203	法律援助费		
50204	困难职工帮扶费		
50205	送温暖费		
50206	其他维权支出		

续表 1

项　目		本月数	本年累计数
503	业务支出		
50301	培训费		
50302	会议费		
50303	外事费		
50304	专项业务费		
50305	其他业务支出		
504	行政支出		
50401	工资福利支出		
50402	商品和服务支出		
50403	对个人和家庭的补助		
50404	其他行政支出		
505	资本性支出		
50501	房屋建筑物购建		
50502	办公设备购置		
50503	专用设备购置		
50504	交通工具购置		
50505	大型修缮		
50506	信息网络购建		
50507	其他资本性支出		
506	补助下级支出		
50601	回拨补助		
50602	专项补助		
50603	超收补助		
50604	帮扶补助		
50605	送温暖补助		
50606	救灾补助		
50607	其他补助		
507	事业支出		
508	其他支出		
	本期支出合计		
三、本期结余			

工会主席：　　　　财务负责人：　　　　复核：　　　　制表：

往来款项明细表

工会 01 表附表 1

编制单位：　　　　　　　　　____年__月__日　　　　　　　　　单位：元

资产类科目	具体内容	金额	负债类科目	具体内容	金额
借出款			借入款		
（按明细项目列）			（按明细项目列）		
应收上级经费			应付上级经费		
（按明细项目列）			（按明细项目列）		
应收下级经费			应付下级经费		
（按明细项目列）			（按明细项目列）		
其他应收款			其他应付款		
（按明细项目列）			（按明细项目列）		
			代管经费		
			（按明细项目列）		

工会主席：　　　　　财务负责人：　　　　　复核：　　　　　制表：

经费收缴情况表

工会 02 表附表 1

编制单位：　　　　　　　　　____年__季度　　　　　　　　　单位：元

<table>
<tr><th rowspan="3">项目
单位</th><th colspan="4">应收经费</th><th colspan="2" rowspan="2">拨缴经费收入（本级）</th><th colspan="4">应付经费</th><th rowspan="3">已付上级经费</th><th rowspan="3">应付未付上级经费</th></tr>
<tr><th colspan="2">应收上级经费</th><th colspan="2">应收下级经费</th><th colspan="2">应付上级经费</th><th colspan="2">应付下级经费</th></tr>
<tr><th>比例</th><th>金额</th><th>比例</th><th>金额</th><th>比例</th><th>金额</th><th>比例</th><th>金额</th><th>比例</th><th>金额</th></tr>
<tr><td></td><td></td><td></td><td></td><td></td><td></td><td></td><td></td><td></td><td></td><td></td><td></td><td></td></tr>
<tr><td></td><td></td><td></td><td></td><td></td><td></td><td></td><td></td><td></td><td></td><td></td><td></td><td></td></tr>
<tr><td></td><td></td><td></td><td></td><td></td><td></td><td></td><td></td><td></td><td></td><td></td><td></td><td></td></tr>
<tr><td></td><td></td><td></td><td></td><td></td><td></td><td></td><td></td><td></td><td></td><td></td><td></td><td></td></tr>
<tr><td></td><td></td><td></td><td></td><td></td><td></td><td></td><td></td><td></td><td></td><td></td><td></td><td></td></tr>
<tr><td></td><td></td><td></td><td></td><td></td><td></td><td></td><td></td><td></td><td></td><td></td><td></td><td></td></tr>
<tr><td>总　计</td><td></td><td></td><td></td><td></td><td></td><td></td><td></td><td></td><td></td><td></td><td></td><td></td></tr>
</table>

工会主席：　　　　　财务负责人：　　　　　复核：　　　　　制表：

第五部分　会计报表编制说明

一、资产负债表编制说明

（一）本表反映工会某一会计期末全部资产、负债和净资产的情况。工会至少应当编制月度、年度资产负债表，可以根据需要编制季度、半年度资产负债表。

（二）编制年度资产负债表时，将“期末数”栏改为“年末数”栏。

（三）本表“年初数”栏内各项目，根据上年度资产负债表“年末数”栏内各对应项目数字填列。

（四）本表“期末数”栏内各项目，根据本期末总账各科目余额填列。“结余”项目也可以根据上期资产负债表“结余——期末数”加上本期收入支出表“本期结余——本月数”并加上本期收回投资、减去本期对外投资后的金额填列。

年度资产负债表“年末数”栏内各项目，根据本年末总账各科目余额填列。

二、收入支出表编制说明

（一）本表反映工会某一会计期间全部收入、支出和结余的情况。工会至少应当编制月度、年度收入支出表，可以根据需要编制季度、半年度收入支出表。

（二）编制年度收入支出表时，将表头中的“——年　月”改为“——年度”；并将“本月数”栏改为“本年数”栏，将“本年累计数”栏改为“上年数”栏。

（三）本表“本月数”栏内各项目，根据本月总账各科目借方或贷方发生额填列。

年度收入支出表“本年数”栏内各项目，根据本年度总账各科目借方或贷方发生额填列。

（四）本表“本年累计数”栏内各项目，根据本月末总账各科目余额填列，也可以根据上月收入支出表“本年累计数”加上本月收入支出表“本月数”后的金额填列。

年度收入支出表“上年数”栏内各项目，根据上年度收入支出表“本年数”栏内各对应项目数字填列。

工会新旧会计制度有关衔接问题的处理规定

我部对中华全国总工会1998年颁布的《工会会计制度》（以下称原制度）进行了全面修订，制定了新版《工会会计制度》（以下称新制度），自2010年1月1日起执行。为了做好新旧制度的衔接工作，现对工会执行新制度的有关衔接问题规定如下：

一、做好调账前的准备工作

工会在2009年12月31日及之前，仍应当按照原制度进行会计核算和编报会计报表。自2010年1月1日起，工会应当根据新制度设置新账目，将各会计科目2009年年末余额转入新账并作调整后，作为新制度各会计科目2010年的年初余额，并按照新制度编制2010年的年初资产负债表。在编制2010年度其他报表时，如有“上年数”一栏无法确定的，不要求填列。

工会应当在2009年年终决算前对本单位的资产和负债进行全面清查，对清查中发现的资产报废、毁损、盘盈、盘亏，按规定程序报经批准后，借记“其他支出”科目或贷记“其他收入”科目，贷记或借记相关资产科目。如有清查出的应入账而未入账的资产，按规定报经批准后，借记相关资产科目，贷记“结余”科目；如有应入账而未入账的负债，按规定报经批准后，借记“结余”科目，贷记相关负债科目。

新制度要求将财政拨款及其他政府补助纳入工会账内核算，工会应当对已收到的政府补助及相关支出进行清理，按规定报经批准后，增加相关资产科目和结余科目。新制度对“代管经费”科目的核算对象进行了重新限定，工会应当按照新制度中规定的代管经费核算内容使用本科目，不得滥用。

二、新旧会计科目结转

工会应当在上述资产、负债清理的基础上，将各会计科目2009年末余额转入2010年新账目。

资产类

（一）“现金”科目

新制度设置了“库存现金”科目，其核算内容与原制度“现金”科目的核算内容相同。调账时，应将原账中“现金”科目的余额直接转入新账中“库存现金”科目。

（二）“银行存款”、“经费集中户存款”科目

新制度没有设置“经费集中户存款”一级科目，但仍设置有“银行存款”科目。调账时，可在新账中“银行存款”科目下设置“经费集中户存款”等明细科目，将原账中“银行存款”、“经费集中户存款”科目的余额分别转入新账中“银行存款”科目的相应明细科目。

（三）“有价证券”科目

新制度没有设置“有价证券”科目，但仍设置有“投资”科目。调账时，应将“有价证券”科目的余额转入新账中“投资”科目。

（四）“暂付款”科目

新制度没有设置“暂付款”科目，新设置了“其他应收款”科目，其核算内容包含原制度“暂付款”科目的核算内容。调账时，应将原账中“暂付款”科目的余额转入新账中“其他应收款”科目。

（五）“借出款”、“投资”、“固定资产”科目

新制度仍设置有“借出款”、“投资”、“固定资产”科目，其核算内容与原制度相应科目的核算内容基本相同。调账时，应将原账中以上科目的余额直接转入新账中相应科目。

（六）“库存材料”科目

新制度设置了“库存物品”科目，其核算内容与原制度“库存材料”科目的核算内容基本相同，调账时，应将原账中“库存材料”科目的余额直接转入新账中“库存物品”科目。

（七）“专项资金占用”科目

新制度没有设置“专项资金占用”科目，新设置了“在建工程”科目，其

核算内容与原制度“专项资金占用”科目的核算内容基本相同。调账时，应将原账中“专项资金占用”科目的余额转入新账中“在建工程”科目。

（八）“应收上解经费”科目

新制度设置了“应收下级经费”科目，用于核算工会按规定应收下级工会的上缴工会经费和建会筹备金，其核算内容与原制度“应收上解经费”科目的核算内容基本相同。调账时，应将原账中“应收上解经费”科目的余额转入新账中“应收下级经费”科目。

（九）“应收上级补助”科目

新制度设置了“应收上级经费”科目，用于核算工会应收未收的上级工会应拨付（转拨）工会经费、建会筹备金和补助，该科目下设应收上级补助、应收上级转拨经费、应收建会筹备金三个明细科目，其“应收上级补助”明细科目的核算内容与原制度“应收上级补助”科目的核算内容基本相同。调账时，应将原账中“应收上级补助”科目的余额转入新账中“应收上级经费”科目（应收上级补助）。

（十）“拨出经费”科目

新制度没有设置“拨出经费”科目。采用本级工会与工会机关分账核算方式的县级以上工会，可以自行增设“拨出经费”科目，用于核算工会预拨给工会机关待核销的经费。调账时，应将原账中“拨出经费”科目的余额转入新账中“拨出经费”科目。

负债类

（十一）“应付上解经费”科目

新制度设置了“应付上级经费”科目，用于核算工会按规定应上缴的工会经费及建会筹备金，其核算内容与原制度“应付上解经费”科目的核算内容基本相同。调账时，应将原账中“应付上解经费”科目的余额转入新账中“应付上级经费”科目。

（十二）“应付补助下级经费”科目

新制度设置了“应付下级经费”科目，用于核算工会应付下级工会的各项补助以及应转拨下级工会的工会经费和建会筹备金，该科目下设应付下级补助、应付下级转拨经费、应付建会筹备金三个明细科目，其“应付下级补助”明细科目的核算内容与原制度“应付补助下级经费”科目的核算内容基本相同。调账时，应将原账中“应付补助下级经费”科目的余额转入新账中“应付下级经费”科目（应付下级补助）。

（十三）“暂存款”科目

新制度没有设置“暂存款”科目，新设置了“其他应付款”科目。原制度“暂存款”科目中核算的工会干部权益保障金调整至新制度“专用基金”科目中；原制度“暂存款”科目中核算的其他内容调整至新制度“其他应付款”科目中。调账时，应将原账中“暂存款”科目中工会干部权益保障金的余额转入新账中“专用基金——权益保障金”科目，将余额中的其他金额转入“其他应付款”科目。

（十四）“借入款”科目

新制度仍设置有“借入款”科目，其核算内容与原制度“借入款”科目的核算内容基本相同。调账时，应将原账中“借入款”科目的余额直接转入新账中“借入款”科目。

（十五）“代管经费”科目

新制度仍设置有“代管经费”科目，但对“代管经费”科目的核算内容进行了严格限定。调账时，应对原账中“代管经费”科目的余额进行分析，将符合新制度规定的部分转入新账中“代管经费”科目；冲销余额中的其他金额，相应增加“结余”科目余额。

（十六）“拨入经费”科目

新制度没有设置“拨入经费”科目。采用本级工会与工会机关分账核算方式的县级以上工会，可以自行增设“拨入经费”科目，用于核算工会机关收到的由本级工会拨入的预算经费。调账时，应将原账中“拨入经费”科目的余额转入新账中“拨入经费”科目。

（十七）“拨入专项资金”科目

新制度没有设置“拨入专项资金”科目，新设置了“在建工程占用资金”科目。调账时，应将原账中“拨入专项资金”科目的余额转入新账中“在建工程占用资金”科目。

净资产类

（十八）“固定基金”、“投资基金”科目

新制度仍设置有“固定基金”、“投资基金”科目，其核算内容与原制度相应科目的核算内容基本相同。调账时，应将原账中以上科目的余额直接转入新账中相应科目。

（十九）“专用基金”科目

新制度仍设置有“专用基金”科目，其核算内容比原制度“专用基金”科目的核算内容增加了工会干部权益保障金。调账时，应将原账中“专用基金”科目的余额分别转入新账中“专用基金”科目（增收留成基金、财务专用基金）。

（二十）“经费结余”科目

新制度设置了“结余”科目。调账时，应将原账中“经费结余”科目的余额转入新账中“结余”科目。

（二十一）“预算周转金”科目

新制度没有设置“预算周转金”科目。调账时，应冲销原账中“预算周转金”科目的余额，相应增加“结余”科目金额。

（二十二）“后备基金”科目

新制度设置了“后备金”科目，其核算内容与原制度“后备基金”科目的核算内容基本一致。调账时，应将原账中“后备基金”科目的余额直接转入新账中“后备金”科目。

收入支出类

（二十三）“会费收入”、“拨交经费收入”、“上级补助收入”、“政府或行政补助收入”、“事业收入”、“投资收益”、“其他收入”、“工会行政费”、“补助下级支出”、“事业支出”、“其他支出”科目

由于原账中以上收入支出类科目年末无余额，不需要进行调账。自2010年1月1日起，应当按照新制度设置收入支出类科目进行会计处理。

（二十四）“上解经费支出”科目

新制度取消了“上解经费支出”科目。

（二十五）“会员活动费”、“职工活动费”科目

新制度没有设置“会员活动费”科目；新设置了“职工活动支出”科目，其核算内容涵盖了原制度“会员活动费”、“职工活动费”科目的核算内容。

（二十六）“专项资金支出”科目

新制度没有设置“专项资金支出”科目；新设置了“资本性支出”科目，其核算内容涵盖了原制度“专项资金支出”科目的核算内容且增加了其他核算内容。

附：工会新旧会计科目对照表

附： **工会新旧会计科目对照表**

新会计科目	原会计科目
一、资产	
库存现金	现金
银行存款	银行存款
	经费集中户存款
零余额账户用款额度	
财政应返还额度 财政直接支付 财政授权支付	
借出款	借出款
	拨出经费
应收上级经费 应收上级补助 应收上级转拨经费 应收建会筹备金	应收上级补助
应收下级经费	应收上解经费
其他应收款	暂付款
库存物品	库存材料
投资	有价证券
	投资
在建工程	专项资金占用
固定资产	固定资产
二、负债	
应付工资（离退休费）	
应付地方（部门）津贴补贴	
应付其他个人收入	
借入款	借入款
	拨入经费
应付上级经费	应付上解经费
应付下级经费 应付下级补助 应付下级转拨经费 应付建会筹备金	应付补助下级经费
其他应付款	暂存款
代管经费	代管经费
	拨入专项资金
三、净资产	
固定基金	固定基金
在建工程占用资金	
投资基金	投资基金

续表 1

<table>
<tr><th>新会计科目</th><th>原会计科目</th></tr>
<tr><td>专用基金
　增收留成基金
　财务专用基金
　权益保障金</td><td>专用基金</td></tr>
<tr><td>后备金</td><td>后备基金</td></tr>
<tr><td>结余</td><td>经费结余</td></tr>
<tr><td>四、收入</td><td></td></tr>
<tr><td>会费收入</td><td>会费收入</td></tr>
<tr><td>拨缴经费收入</td><td>拨交经费收入</td></tr>
<tr><td>上级补助收入
　回拨补助
　专项补助
　超收补助
　帮扶补助
　送温暖补助
　救灾补助
　其他补助</td><td>上级补助收入</td></tr>
<tr><td>政府补助收入</td><td rowspan="2">政府或行政补助收入</td></tr>
<tr><td>行政补助收入</td></tr>
<tr><td>事业收入</td><td>事业收入</td></tr>
<tr><td>投资收益</td><td>投资收益</td></tr>
<tr><td>其他收入</td><td>其他收入</td></tr>
<tr><td>五、支出</td><td></td></tr>
<tr><td rowspan="2">职工活动支出
　职工教育费
　文体活动费
　宣传活动费
　其他活动支出</td><td>会员活动费</td></tr>
<tr><td>职工活动费</td></tr>
<tr><td>维权支出
　劳动关系协调费
　劳动保护费
　法律援助费
　困难职工帮扶费
　送温暖费
　其他维权支出</td><td>工会业务费</td></tr>
</table>

续表 2

新会计科目	原会计科目
业务支出 培训费 会议费 外事费 专项业务费 其他业务支出	工会业务费
行政支出 工资福利支出 商品和服务支出 对个人和家庭的补助 其他行政支出	工会行政费
资本性支出 房屋建筑物购建 办公设备购置 专用设备购置 交通工具购置 大型修缮 信息网络购建 其他资本性支出	专项资金支出
补助下级支出 回拨补助 专项补助 超收补助 帮扶补助 送温暖补助 救灾补助 其他补助	补助下级支出
事业支出	事业支出
	上解经费支出
其他支出	其他支出

附录　有关法规

中华人民共和国会计法

（1985 年 1 月 21 日第六届全国人民代表大会常务委员会第九次会议通计　根据 1993 年 12 月 29 日第八届全国人民代表大会常务委员会第五次会议《关于修改〈中华人民共和国会计法〉的决定》修正　1999 年 10 月 31 日第九届全国人民代表大会常务委员会第十二次会议修订）

第一章　总　　则

第一条　为了规范会计行为，保证会计资料真实、完整，加强经济管理和财务管理，提高经济效益，维护社会主义市场经济秩序，制定本法。

第二条　国家机关、社会团体、公司、企业、事业单位和其他组织（以下统称单位）必须依照本法办理会计事务。

第三条　各单位必须依法设置会计账簿，并保证其真实、完整。

第四条　单位负责人对本单位的会计工作和会计资料的真实性、完整性负责。

第五条　会计机构、会计人员依照本法规定进行会计核算，实行会计监督。

任何单位或者个人不得以任何方式授意、指使、强令会计机构、会计人员伪造、变造会计凭证、会计账簿和其他会计资料，提供虚假财务会计报告。

任何单位或者个人不得对依法履行职责、抵制违反本法规定行为的会计人员实行打击报复。

第六条　对认真执行本法，忠于职守，坚持原则，做出显著成绩的会计人员，给予精神的或者物质的奖励。

第七条 国务院财政部门主管全国的会计工作。

县级以上地方各级人民政府财政部门管理本行政区域内的会计工作。

第八条 国家实行统一的会计制度。国家统一的会计制度由国务院财政部门根据本法制定并公布。

国务院有关部门可以依照本法和国家统一的会计制度制定对会计核算和会计监督有特殊要求的行业实施国家统一的会计制度的具体办法或者补充规定，报国务院财政部门审核批准。

中国人民解放军总后勤部可以依照本法和国家统一的会计制度制定军队实施国家统一的会计制度的具体办法，报国务院财政部门备案。

第二章 会计核算

第九条 各单位必须根据实际发生的经济业务事项进行会计核算，填制会计凭证，登记会计账簿，编制财务会计报告。

任何单位不得以虚假的经济业务事项或者资料进行会计核算。

第十条 下列经济业务事项，应当办理会计手续，进行会计核算：

（一）款项和有价证券的收付；

（二）财物的收发、增减和使用；

（三）债权债务的发生和结算；

（四）资本、基金的增减；

（五）收入、支出、费用、成本的计算；

（六）财务成果的计算和处理；

（七）需要办理会计手续、进行会计核算的其他事项。

第十一条 会计年度自公历1月1日起至12月31日止。

第十二条 会计核算以人民币为记账本位币。

业务收支以人民币以外的货币为主的单位，可以选定其中一种货币作为记账本位币，但是编报的财务会计报告应当折算为人民币。

第十三条 会计凭证、会计账簿、财务会计报告和其他会计资料，必须符合国家统一的会计制度的规定。

使用电子计算机进行会计核算的，其软件及其生成的会计凭证、会计账簿、财务会计报告和其他会计资料，也必须符合国家统一的会计制度的规定。

任何单位和个人不得伪造、变造会计凭证、会计账簿及其他会计资料，不得提供虚假的财务会计报告。

第十四条 会计凭证包括原始凭证和记账凭证。

办理本法第十条所列的经济业务事项，必须填制或者取得原始凭证并及时送交会计机构。

会计机构、会计人员必须按照国家统一的会计制度的规定对原始凭证进行审核，对不真实、不合法的原始凭证有权不予接受，并向单位负责人报告；对记载不准确、不完整的原始凭证予以退回，并要求按照国家统一的会计制度的规定更正、补充。

原始凭证记载的各项内容均不得涂改；原始凭证有错误的，应当由出具单位重开或者更正，更正处应当加盖出具单位印章。原始凭证金额有错误的，应当由出具单位重开，不得在原始凭证上更正。

记账凭证应当根据经过审核的原始凭证及有关资料编制。

第十五条 会计账簿登记，必须以经过审核的会计凭证为依据，并符合有关法律、行政法规和国家统一的会计制度的规定。会计账簿包括总账、明细账、日记账和其他辅助性账簿。

会计账簿应当按照连续编号的页码顺序登记。会计账簿记录发生错误或者隔页、缺号、跳行的，应当按照国家统一的会计制度规定的方法更正，并由会计人员和会计机构负责人（会计主管人员）在更正处盖章。

使用电子计算机进行会计核算的，其会计账簿的登记、更正，应当符合国家统一的会计制度的规定。

第十六条 各单位发生的各项经济业务事项应当在依法设置的会计账簿上统一登记、核算，不得违反本法和国家统一的会计制度的规定私设会计账簿登记、核算。

第十七条 各单位应当定期将会计账簿记录与实物、款项及有关资料相互核对，保证会计账簿记录与实物及款项的实有数额相符、会计账簿记录与会计凭证的有关内容相符、会计账簿之间相对应的记录相符、会计账簿记录与会计报表的有关内容相符。

第十八条 各单位采用的会计处理方法，前后各期应当一致，不得随意变更；确有必要变更的，应当按照国家统一的会计制度的规定变更，并将变更的原因、情况及影响在财务会计报告中说明。

第十九条 单位提供的担保、未决诉讼等或有事项，应当按照国家统一的会计制度的规定，在财务会计报告中予以说明。

第二十条　财务会计报告应当根据经过审核的会计账簿记录和有关资料编制，并符合本法和国家统一的会计制度关于财务会计报告的编制要求、提供对象和提供期限的规定；其他法律、行政法规另有规定的，从其规定。

财务会计报告由会计报表、会计报表附注和财务情况说明书组成。向不同的会计资料使用者提供的财务会计报告，其编制依据应当一致。有关法律、行政法规规定会计报表、会计报表附注和财务情况说明书须经注册会计师审计的，注册会计师及其所在的会计师事务所出具的审计报告应当随同财务会计报告一并提供。

第二十一条　财务会计报告应当由单位负责人和主管会计工作的负责人、会计机构负责人（会计主管人员）签名并盖章；设置总会计师的单位，还须由总会计师签名并盖章。

单位负责人应当保证财务会计报告真实、完整。

第二十二条　会计记录的文字应当使用中文。在民族自治地方，会计记录可以同时使用当地通用的一种民族文字。在中华人民共和国境内的外商投资企业、外国企业和其他外国组织的会计记录可以同时使用一种外国文字。

第二十三条　各单位对会计凭证、会计账簿、财务会计报告和其他会计资料应当建立档案，妥善保管。会计档案的保管期限和销毁办法，由国务院财政部门会同有关部门制定。

第三章　公司、企业会计核算的特别规定

第二十四条　公司、企业进行会计核算，除应当遵守本法第二章的规定外，还应当遵守本章规定。

第二十五条　公司、企业必须根据实际发生的经济业务事项，按照国家统一的会计制度的规定确认、计量和记录资产、负债、所有者权益、收入、费用、成本和利润。

第二十六条　公司、企业进行会计核算不得有下列行为：

（一）随意改变资产、负债、所有者权益的确认标准或者计量方法，虚列、多列、不列或者少列资产、负债、所有者权益；

（二）虚列或者隐瞒收入，推迟或者提前确认收入；

（三）随意改变费用、成本的确认标准或者计量方法，虚列、多列、不列或者少列费用、成本；

（四）随意调整利润的计算、分配方法，编造虚假利润或者隐瞒利润；

（五）违反国家统一的会计制度规定的其他行为。

第四章　会 计 监 督

第二十七条　各单位应当建立、健全本单位内部会计监督制度。单位内部会计监督制度应当符合下列要求：

（一）记账人员与经济业务事项和会计事项的审批人员、经办人员、财物保管人员的职责权限应当明确，并相互分离、相互制约；

（二）重大对外投资、资产处置、资金调度和其他重要经济业务事项的决策和执行的相互监督、相互制约程序应当明确；

（三）财产清查的范围、期限和组织程序应当明确；

（四）对会计资料定期进行内部审计的办法和程序应当明确。

第二十八条　单位负责人应当保证会计机构、会计人员依法履行职责，不得授意、指使、强令会计机构、会计人员违法办理会计事项。

会计机构、会计人员对违反本法和国家统一的会计制度规定的会计事项，有权拒绝办理或者按照职权予以纠正。

第二十九条　会计机构、会计人员发现会计账簿记录与实物、款项及有关资料不相符的，按照国家统一的会计制度的规定有权自行处理的，应当及时处理；无权处理的，应当立即向单位负责人报告，请求查明原因，作出处理。

第三十条　任何单位和个人对违反本法和国家统一的会计制度规定的行为，有权检举。收到检举的部门有权处理的，应当依法按照职责分工及时处理；无权处理的，应当及时移送有权处理的部门处理。收到检举的部门、负责处理的部门应当为检举人保密，不得将检举人姓名和检举材料转给被检举单位和被检举人个人。

第三十一条　有关法律、行政法规规定，须经注册会计师进行审计的单位，应当向受委托的会计师事务所如实提供会计凭证、会计账簿、财务会计报告和其他会计资料以及有关情况。

任何单位或者个人不得以任何方式要求或者示意注册会计师及其所在的会计师事务所出具不实或者不当的审计报告。

财政部门有权对会计师事务所出具审计报告的程序和内容进行监督。

第三十二条　财政部门对各单位的下列情况实施监督：

（一）是否依法设置会计账簿；

（二）会计凭证、会计账簿、财务会计报告和其他会计资料是否真实、完整；

（三）会计核算是否符合本法和国家统一的会计制度的规定；

（四）从事会计工作的人员是否具备从业资格。

在对前款第（二）项所列事项实施监督，发现重大违法嫌疑时，国务院财政部门及其派出机构可以向与被监督单位有经济业务往来的单位和被监督单位开立账户的金融机构查询有关情况，有关单位和金融机构应当给予支持。

第三十三条 财政、审计、税务、人民银行、证券监管、保险监管等部门应当依照有关法律、行政法规规定的职责，对有关单位的会计资料实施监督检查。

前款所列监督检查部门对有关单位的会计资料依法实施监督检查后，应当出具检查结论。有关监督检查部门已经作出的检查结论能够满足其他监督检查部门履行本部门职责需要的，其他监督检查部门应当加以利用，避免重复查账。

第三十四条 依法对有关单位的会计资料实施监督检查的部门及其工作人员对在监督检查中知悉的国家秘密和商业秘密负有保密义务。

第三十五条 各单位必须依照有关法律、行政法规的规定，接受有关监督检查部门依法实施的监督检查，如实提供会计凭证、会计账簿、财务会计报告和其他会计资料以及有关情况，不得拒绝、隐匿、谎报。

第五章 会计机构和会计人员

第三十六条 各单位应当根据会计业务的需要，设置会计机构，或者在有关机构中设置会计人员并指定会计主管人员；不具备设置条件的，应当委托经批准设立从事会计代理记账业务的中介机构代理记账。

国有的和国有资产占控股地位或者主导地位的大、中型企业必须设置总会计师。总会计师的任职资格、任免程序、职责权限由国务院规定。

第三十七条 会计机构内部应当建立稽核制度。

出纳人员不得兼任稽核、会计档案保管和收入、支出、费用、债权债务账目的登记工作。

第三十八条 从事会计工作的人员，必须取得会计从业资格证书。

担任单位会计机构负责人（会计主管人员）的，除取得会计从业资格证书外，还应当具备会计师以上专业技术职务资格或者从事会计工作三年以上经历。

会计人员从业资格管理办法由国务院财政部门规定。

第三十九条 会计人员应当遵守职业道德，提高业务素质。对会计人员的教育和培训工作应当加强。

第四十条 因有提供虚假财务会计报告，做假账，隐匿或者故意销毁会计凭证、会计账簿、财务会计报告，贪污，挪用公款，职务侵占等与会计职务有关的违法行为被依法追究刑事责任的人员，不得取得或者重新取得会计从业资格证书。

除前款规定的人员外，因违法违纪行为被吊销会计从业资格证书的人员，自被吊销会计从业资格证书之日起五年内，不得重新取得会计从业资格证书。

第四十一条 会计人员调动工作或者离职，必须与接管人员办清交接手续。

一般会计人员办理交接手续，由会计机构负责人（会计主管人员）监交；会计机构负责人（会计主管人员）办理交接手续，由单位负责人监交，必要时主管单位可以派人会同监交。

第六章 法律责任

第四十二条 违反本法规定，有下列行为之一的，由县级以上人民政府财政部门责令限期改正，可以对单位并处三千元以上五万元以下的罚款；对其直接负责的主管人员和其他直接责任人员，可以处二千元以上二万元以下的罚款；属于国家工作人员的，还应当由其所在单位或者有关单位依法给予行政处分：

（一）不依法设置会计账簿的；

（二）私设会计账簿的；

（三）未按照规定填制、取得原始凭证或者填制、取得的原始凭证不符合规定的；

（四）以未经审核的会计凭证为依据登记会计账簿或者登记会计账簿不符合规定的；

（五）随意变更会计处理方法的；

（六）向不同的会计资料使用者提供的财务会计报告编制依据不一致的；

（七）未按照规定使用会计记录文字或者记账本位币的；

（八）未按照规定保管会计资料，致使会计资料毁损、灭失的；

（九）未按照规定建立并实施单位内部会计监督制度或者拒绝依法实施的监督或者不如实提供有关会计资料及有关情况的；

（十）任用会计人员不符合本法规定的。

有前款所列行为之一，构成犯罪的，依法追究刑事责任。

会计人员有第一款所列行为之一，情节严重的，由县级以上人民政府财政部门吊销会计从业资格证书。

有关法律对第一款所列行为的处罚另有规定的，依照有关法律的规定办理。

第四十三条 伪造、变造会计凭证、会计账簿，编制虚假财务会计报告，构成犯罪的，依法追究刑事责任。

有前款行为，尚不构成犯罪的，由县级以上人民政府财政部门予以通报，可以对单位并处五千元以上十万元以下的罚款；对其直接负责的主管人员和其他直接责任人员，可以处三千元以上五万元以下的罚款；属于国家工作人员的，还应当由其所在单位或者有关单位依法给予撤职直至开除的行政处分；对其中的会计人员，并由县级以上人民政府财政部门吊销会计从业资格证书。

第四十四条 隐匿或者故意销毁依法应当保存的会计凭证、会计账簿、财务会计报告，构成犯罪的，依法追究刑事责任。

有前款行为，尚不构成犯罪的，由县级以上人民政府财政部门予以通报，可以对单位并处五千元以上十万元以下的罚款；对其直接负责的主管人员和其他直接责任人员，可以处三千元以上五万元以下的罚款；属于国家工作人员的，还应当由其所在单位或者有关单位依法给予撤职直至开除的行政处分；对其中的会计人员，并由县级以上人民政府财政部门吊销会计从业资格证书。

第四十五条 授意、指使、强令会计机构、会计人员及其他人员伪造、变造会计凭证、会计账簿，编制虚假财务会计报告或者隐匿、故意销毁依法应当保存的会计凭证、会计账簿、财务会计报告，构成犯罪的，依法追究刑事责任；尚不构成犯罪的，可以处五千元以上五万元以下的罚款；属于国家工作人员的，还应当由其所在单位或者有关单位依法给予降级、撤职、开除的行政处分。

第四十六条 单位负责人对依法履行职责、抵制违反本法规定行为的会计人员以降级、撤职、调离工作岗位、解聘或者开除等方式实行打击报复，构成犯罪的，依法追究刑事责任；尚不构成犯罪的，由其所在单位或者有关单位依法给予行政处分。对受打击报复的会计人员，应当恢复其名誉和原有职务、级别。

第四十七条 财政部门及有关行政部门的工作人员在实施监督管理中滥用职权、玩忽职守、徇私舞弊或者泄露国家秘密、商业秘密，构成犯罪的，依法追究刑事责任；尚不构成犯罪的，依法给予行政处分。

第四十八条 违反本法第三十条规定，将检举人姓名和检举材料转给被检举单位和被检举人个人的，由所在单位或者有关单位依法给予行政处分。

第四十九条 违反本法规定，同时违反其他法律规定的，由有关部门在各自职权范围内依法进行处罚。

第七章 附 则

第五十条 本法下列用语的含义：

单位负责人，是指单位法定代表人或者法律、行政法规规定代表单位行使职权的主要负责人。

国家统一的会计制度，是指国务院财政部门根据本法制定的关于会计核算、会计监督、会计机构和会计人员以及会计工作管理的制度。

第五十一条 个体工商户会计管理的具体办法，由国务院财政部门根据本法的原则另行规定。

第五十二条 本法自2000年7月1日起施行。

中华人民共和国工会法

（1992 年 4 月 3 日第七届全国人民代表大会第五次会议通过　根据 2001 年 10 月 27 日第九届全国人民代表大会常务委员会第二十四次会议《关于修改〈中华人民共和国工会法〉的决定》修正）

第一章　总　则

第一条　为保障工会在国家政治、经济和社会生活中的地位，确定工会的权利与义务，发挥工会在社会主义现代化建设事业中的作用，根据宪法，制定本法。

第二条　工会是职工自愿结合的工人阶级的群众组织。

中华全国总工会及其各工会组织代表职工的利益，依法维护职工的合法权益。

第三条　在中国境内的企业、事业单位、机关中以工资收入为主要生活来源的体力劳动者和脑力劳动者，不分民族、种族、性别、职业、宗教信仰、教育程度，都有依法参加和组织工会的权利。任何组织和个人不得阻挠和限制。

第四条　工会必须遵守和维护宪法，以宪法为根本的活动准则，以经济建设为中心，坚持社会主义道路、坚持人民民主专政、坚持中国共产党的领导、坚持马克思列宁主义毛泽东思想邓小平理论，坚持改革开放，依照工会章程独立自主地开展工作。

工会会员全国代表大会制定或者修改《中国工会章程》，章程不得与宪法和法律相抵触。

国家保护工会的合法权益不受侵犯。

第五条　工会组织和教育职工依照宪法和法律的规定行使民主权利，发挥国家主人翁的作用，通过各种途径和形式，参与管理国家事务、管理经济和文化事业、管理社会事务；协助人民政府开展工作，维护工人阶级领导的、以工农联盟为基础的人民民主专政的社会主义国家政权。

第六条 维护职工合法权益是工会的基本职责。工会在维护全国人民总体利益的同时，代表和维护职工的合法权益。

工会通过平等协商和集体合同制度，协调劳动关系，维护企业职工劳动权益。

工会依照法律规定通过职工代表大会或者其他形式，组织职工参与本单位的民主决策、民主管理和民主监督。

工会必须密切联系职工，听取和反映职工的意见和要求，关心职工的生活，帮助职工解决困难，全心全意为职工服务。

第七条 工会动员和组织职工积极参加经济建设，努力完成生产任务和工作任务。教育职工不断提高思想道德、技术业务和科学文化素质，建设有理想、有道德、有文化、有纪律的职工队伍。

第八条 中华全国总工会根据独立、平等、互相尊重、互不干涉内部事务的原则，加强同各国工会组织的友好合作关系。

第二章 工会组织

第九条 工会各级组织按照民主集中制原则建立。

各级工会委员会由会员大会或者会员代表大会民主选举产生。企业主要负责人的近亲属不得作为本企业基层工会委员会成员的人选。

各级工会委员会向同级会员大会或者会员代表大会负责并报告工作，接受其监督。

工会会员大会或者会员代表大会有权撤换或者罢免其所选举的代表或者工会委员会组成人员。

上级工会组织领导下级工会组织。

第十条 企业、事业单位、机关有会员二十五人以上的，应当建立基层工会委员会；不足二十五人的，可以单独建立基层工会委员会，也可以由两个以上单位的会员联合建立基层工会委员会，也可以选举组织员一人，组织会员开展活动。女职工人数较多的，可以建立工会女职工委员会，在同级工会领导下开展工作；女职工人数较少的，可以在工会委员会中设女职工委员。

企业职工较多的乡镇、城市街道，可以建立基层工会的联合会。

县级以上地方建立地方各级总工会。

同一行业或者性质相近的几个行业，可以根据需要建立全国的或者地方的产业工会。

全国建立统一的中华全国总工会。

第十一条 基层工会、地方各级总工会、全国或者地方产业工会组织的建立，必须报上一级工会批准。

上级工会可以派员帮助和指导企业职工组建工会，任何单位和个人不得阻挠。

第十二条 任何组织和个人不得随意撤销、合并工会组织。

基层工会所在的企业终止或者所在的事业单位、机关被撤销，该工会组织相应撤销，并报告上一级工会。

依前款规定被撤销的工会，其会员的会籍可以继续保留，具体管理办法由中华全国总工会制定。

第十三条 职工二百人以上的企业、事业单位的工会，可以设专职工会主席。工会专职工作人员的人数由工会与企业、事业单位协商确定。

第十四条 中华全国总工会、地方总工会、产业工会具有社会团体法人资格。

基层工会组织具备民法通则规定的法人条件的，依法取得社会团体法人资格。

第十五条 基层工会委员会每届任期三年或者五年。各级地方总工会委员会和产业工会委员会每届任期五年。

第十六条 基层工会委员会定期召开会员大会或者会员代表大会，讨论决定工会工作的重大问题。经基层工会委员会或者三分之一以上的工会会员提议，可以临时召开会员大会或者会员代表大会。

第十七条 工会主席、副主席任期未满时，不得随意调动其工作。因工作需要调动时，应当征得本级工会委员会和上一级工会的同意。

罢免工会主席、副主席必须召开会员大会或者会员代表大会讨论，非经会员大会全体会员或者会员代表大会全体代表过半数通过，不得罢免。

第十八条 基层工会专职主席、副主席或者委员自任职之日起，其劳动合同期限自动延长，延长期限相当于其任职期间；非专职主席、副主席或者委员自任职之日起，其尚未履行的劳动合同期限短于任期的，劳动合同期限自动延长至任期期满。但是，任职期间个人严重过失或者达到法定退休年龄的除外。

第三章　工会的权利和义务

第十九条　企业、事业单位违反职工代表大会制度和其他民主管理制度，工会有权要求纠正，保障职工依法行使民主管理的权利。

法律、法规规定应当提交职工大会或者职工代表大会审议、通过、决定的事项，企业、事业单位应当依法办理。

第二十条　工会帮助、指导职工与企业以及实行企业化管理的事业单位签订劳动合同。

工会代表职工与企业以及实行企业化管理的事业单位进行平等协商，签订集体合同。集体合同草案应当提交职工代表大会或者全体职工讨论通过。

工会签订集体合同，上级工会应当给予支持和帮助。

企业违反集体合同，侵犯职工劳动权益的，工会可以依法要求企业承担责任；因履行集体合同发生争议，经协商解决不成的，工会可以向劳动争议仲裁机构提请仲裁，仲裁机构不予受理或者对仲裁裁决不服的，可以向人民法院提起诉讼。

第二十一条　企业、事业单位处分职工，工会认为不适当的，有权提出意见。

企业单方面解除职工劳动合同时，应当事先将理由通知工会，工会认为企业违反法律、法规和有关合同，要求重新研究处理时，企业应当研究工会的意见，并将处理结果书面通知工会。

职工认为企业侵犯其劳动权益而申请劳动争议仲裁或者向人民法院提起诉讼的，工会应当给予支持和帮助。

第二十二条　企业、事业单位违反劳动法律、法规规定，有下列侵犯职工劳动权益情形，工会应当代表职工与企业、事业单位交涉，要求企业、事业单位采取措施予以改正；企业、事业单位应当予以研究处理，并向工会作出答复；企业、事业单位拒不改正的，工会可以请求当地人民政府依法作出处理：

（一）克扣职工工资的；

（二）不提供劳动安全卫生条件的；

（三）随意延长劳动时间的；

（四）侵犯女职工和未成年工特殊权益的；

（五）其他严重侵犯职工劳动权益的。

第二十三条　工会依照国家规定对新建、扩建企业和技术改造工程中的劳动条件和安全卫生设施与主体工程同时设计、同时施工、同时投产使用进行监督。对工会提出的意见，企业或者主管部门应当认真处理，并将处理结果书面通知工会。

第二十四条　工会发现企业违章指挥、强令工人冒险作业，或者生产过程中发现明显重大事故隐患和职业危害，有权提出解决的建议，企业应当及时研究答复；发现危及职工生命安全的情况时，工会有权向企业建议组织职工撤离危险现场，企业必须及时作出处理决定。

第二十五条　工会有权对企业、事业单位侵犯职工合法权益的问题进行调查，有关单位应当予以协助。

第二十六条　职工因工伤亡事故和其他严重危害职工健康问题的调查处理，必须有工会参加。工会应当向有关部门提出处理意见，并有权要求追究直接负责的主管人员和有关责任人员的责任。对工会提出的意见，应当及时研究，给予答复。

第二十七条　企业、事业单位发生停工、怠工事件，工会应当代表职工同企业、事业单位或者有关方面协商，反映职工的意见和要求并提出解决意见。对于职工的合理要求，企业、事业单位应当予以解决。工会协助企业、事业单位做好工作，尽快恢复生产、工作秩序。

第二十八条　工会参加企业的劳动争议调解工作。

地方劳动争议仲裁组织应当有同级工会代表参加。

第二十九条　县级以上各级总工会可以为所属工会和职工提供法律服务。

第三十条　工会协助企业、事业单位、机关办好职工集体福利事业，做好工资、劳动安全卫生和社会保险工作。

第三十一条　工会会同企业、事业单位教育职工以国家主人翁态度对待劳动，爱护国家和企业的财产，组织职工开展群众性的合理化建议、技术革新活动，进行业余文化技术学习和职工培训，组织职工开展文娱、体育活动。

第三十二条　根据政府委托，工会与有关部门共同做好劳动模范和先进生产（工作）者的评选、表彰、培养和管理工作。

第三十三条　国家机关在组织起草或者修改直接涉及职工切身利益的法律、法规、规章时，应当听取工会意见。

县级以上各级人民政府制定国民经济和社会发展计划，对涉及职工利益的重大问题，应当听取同级工会的意见。

县级以上各级人民政府及其有关部门研究制定劳动就业、工资、劳动安全卫生、社会保险等涉及职工切身利益的政策、措施时，应当吸收同级工会参加研究，听取工会意见。

第三十四条 县级以上地方各级人民政府可以召开会议或者采取适当方式，向同级工会通报政府的重要的工作部署和与工会工作有关的行政措施，研究解决工会反映的职工群众的意见和要求。

各级人民政府劳动行政部门应当会同同级工会和企业方面代表，建立劳动关系三方协商机制，共同研究解决劳动关系方面的重大问题。

第四章 基层工会组织

第三十五条 国有企业职工代表大会是企业实行民主管理的基本形式，是职工行使民主管理权力的机构，依照法律规定行使职权。

国有企业的工会委员会是职工代表大会的工作机构，负责职工代表大会的日常工作，检查、督促职工代表大会决议的执行。

第三十六条 集体企业的工会委员会，应当支持和组织职工参加民主管理和民主监督，维护职工选举和罢免管理人员、决定经营管理的重大问题的权力。

第三十七条 本法第三十五条、第三十六条规定以外的其他企业、事业单位的工会委员会，依照法律规定组织职工采取与企业、事业单位相适应的形式，参与企业、事业单位民主管理。

第三十八条 企业、事业单位研究经营管理和发展的重大问题应当听取工会的意见；召开讨论有关工资、福利、劳动安全卫生、社会保险等涉及职工切身利益的会议，必须有工会代表参加。

企业、事业单位应当支持工会依法开展工作，工会应当支持企业、事业单位依法行使经营管理权。

第三十九条 公司的董事会、监事会中职工代表的产生，依照公司法有关规定执行。

第四十条 基层工会委员会召开会议或者组织职工活动，应当在生产或者工作时间以外进行，需要占用生产或者工作时间的，应当事先征得企业、事业单位的同意。

基层工会的非专职委员占用生产或者工作时间参加会议或者从事工会工作，每月不超过三个工作日，其工资照发，其他待遇不受影响。

第四十一条 企业、事业单位、机关工会委员会的专职工作人员的工资、奖励、补贴，由所在单位支付。社会保险和其他福利待遇等，享受本单位职工同等待遇。

第五章 工会的经费和财产

第四十二条 工会经费的来源：

（一）工会会员缴纳的会费；

（二）建立工会组织的企业、事业单位、机关按每月全部职工工资总额的百分之二向工会拨缴的经费；

（三）工会所属的企业、事业单位上缴的收入；

（四）人民政府的补助；

（五）其他收入。

前款第二项规定的企业、事业单位拨缴的经费在税前列支。

工会经费主要用于为职工服务和工会活动。经费使用的具体办法由中华全国总工会制定。

第四十三条 企业、事业单位无正当理由拖延或者拒不拨缴工会经费，基层工会或者上级工会可以向当地人民法院申请支付令；拒不执行支付令的，工会可以依法申请人民法院强制执行。

第四十四条 工会应当根据经费独立原则，建立预算、决算和经费审查监督制度。

各级工会建立经费审查委员会。

各级工会经费收支情况应当由同级工会经费审查委员会审查，并且定期向会员大会或者会员代表大会报告，接受监督。工会会员大会或者会员代表大会有权对经费使用情况提出意见。

工会经费的使用应当依法接受国家的监督。

第四十五条 各级人民政府和企业、事业单位、机关应当为工会办公和开展活动，提供必要的设施和活动场所等物质条件。

第四十六条 工会的财产、经费和国家拨给工会使用的不动产，任何组织和个人不得侵占、挪用和任意调拨。

第四十七条 工会所属的为职工服务的企业、事业单位，其隶属关系不得随意改变。

第四十八条 县级以上各级工会的离休、退休人员的待遇，与国家机关工作人员同等对待。

第六章 法 律 责 任

第四十九条 工会对违反本法规定侵犯其合法权益的，有权提请人民政府或者有关部门予以处理，或者向人民法院提起诉讼。

第五十条 违反本法第三条、第十一条规定，阻挠职工依法参加和组织工会或者阻挠上级工会帮助、指导职工筹建工会的，由劳动行政部门责令其改正；拒不改正的，由劳动行政部门提请县级以上人民政府处理；以暴力、威胁等手段阻挠造成严重后果，构成犯罪的，依法追究刑事责任。

第五十一条 违反本法规定，对依法履行职责的工会工作人员无正当理由调动工作岗位，进行打击报复的，由劳动行政部门责令改正、恢复原工作；造成损失的，给予赔偿。

对依法履行职责的工会工作人员进行侮辱、诽谤或者进行人身伤害，构成犯罪的，依法追究刑事责任；尚未构成犯罪的，由公安机关依照治安管理处罚条例的规定处罚。

第五十二条 违反本法规定，有下列情形之一的，由劳动行政部门责令恢复其工作，并补发被解除劳动合同期间应得的报酬，或者责令给予本人年收入二倍的赔偿：

（一）职工因参加工会活动而被解除劳动合同的；

（二）工会工作人员因履行本法规定的职责而被解除劳动合同的。

第五十三条 违反本法规定，有下列情形之一的，由县级以上人民政府责令改正，依法处理：

（一）妨碍工会组织职工通过职工代表大会和其他形式依法行使民主权利的；

（二）非法撤销、合并工会组织的；

（三）妨碍工会参加职工因工伤亡事故以及其他侵犯职工合法权益问题的调查处理的；

（四）无正当理由拒绝进行平等协商的。

第五十四条　违反本法第四十六条规定，侵占工会经费和财产拒不返还的，工会可以向人民法院提起诉讼，要求返还，并赔偿损失。

第五十五条　工会工作人员违反本法规定，损害职工或者工会权益的，由同级工会或者上级工会责令改正，或者予以处分；情节严重的，依照《中国工会章程》予以罢免；造成损失的，应当承担赔偿责任；构成犯罪的，依法追究刑事责任。

第七章　附　　则

第五十六条　中华全国总工会会同有关国家机关制定机关工会实施本法的具体办法。

第五十七条　本法自公布之日起施行。1950 年 6 月 29 日中央人民政府颁布的《中华人民共和国工会法》同时废止。